Jürgen Plöhn

Lehrbefugnis nur mit Gendersprache?

ZEITDIAGNOSEN

Band 75

LIT

Jürgen Plöhn

Lehrbefugnis nur mit Gendersprache?

Erfahrungsbericht eines Politologen, der Gendersprache für ideologisch geprägt hält

LIT

Umschlagbild:
Hendrik Schmidt/dpa/picture alliance/ZB; Infografik WELT

Gedruckt auf alterungsbeständigem Werkdruckpapier entsprechend
ANSI Z3948 DIN ISO 9706

Bibliografische Information der Deutschen Nationalbibliothek
Die Deutsche Nationalbibliothek verzeichnet diese Publikation in der Deutschen Nationalbibliografie; detaillierte bibliografische Daten sind im Internet über https://dnb.dnb.de abrufbar.

ISBN 978-3-643-15532-0 (br.)
ISBN 978-3-643-35532-4 (PDF)

Verlagskontakt:
Fresnostr. 2 D-48159 Münster
Tel. +49 (0) 2 51-62 03 20
E-Mail: lit@lit-verlag.de https://www.lit-verlag.de

Auslieferung:
Deutschland: LIT Verlag, Fresnostr. 2, D-48159 Münster
Tel. +49 (0) 2 51-620 32 22, E-Mail: vertrieb@lit-verlag.de

Inhalt

Betrachtungen und Analysen

Anhang

Einleitung

Es hatte ganz harmlos angefangen: Um 2020 tauchten in einzelnen Präsentationen von Studenten in meinen Lehrveranstaltungen gendersprachliche Einsprengsel auf. In solchen Fällen machte ich die betreffenden Teilnehmer darauf aufmerksam, daß dies nicht den Regeln der deutschen Sprache entspreche und daher für den Gebrauch an einer Universität unangemessen sei. Zwar schwante mir nichts Gutes aus diesen Gegensätzen, aber angesichts meines jahrzehntelangen Umgangs mit meinen Kommilitonen und Studenten nahm ich die Problematik zunächst gelassen auf.

Die nachfolgende Entwicklung hatte ich mir nicht vorstellen können, vertraute ich doch zum einen auf die Rechtsstaatlichkeit Deutschlands, zum anderen auf meine Lehrbefugnis. Was sich jedoch an der altehrwürdigen Universität in Halle tatsächlich abspielte und seinen Niederschlag in Presse und Parlament fand, hielt mein Rechtsanwalt, *Prof. Dr. Hans-Jörg Bücking, M.A.*, für hinreichend abstrus, daß es in einer zusammenhängenden Darstellung aufgezeichnet und als Mahnung bewahrt werden sollte.

Bei dem nun vorliegenden Text handelt es sich um den Bericht eines Beteiligten und Betroffenen, der eine *Regelung*, nicht eine abstrakte wissenschaftliche *Erkenntnis* angestrebt hat. Insofern sind die Voraussetzungen der qualitativ orientierten Forschungsmethode der „teilnehmenden Beobachtung“ im strengen Sinne nicht erfüllt[1]. Die gemachten Erfahrungen sind erst *ex post facto* hinsicht-

---

[1] Zur „teilnehmenden Beobachtung“ bestehen unterschiedliche Auffassungen hinsichtlich der erforderlichen Voraussetzungen. Siehe unter anderem: Götz Bachmann: Teilnehmende Beobachtung, in: Stefan Kühl, Petra Strodtholz, Andreas Taffertshofer (Hrsg.): Handbuch Methoden der Organisationsforschung, Wiesbaden 2009, S. 248–271; Helmar Schöne: Die teilnehmende Beobachtung als Datenerhebungsmethode in der Politikwissenschaft. Methodologische Reflexion und Werkstattbericht, in: Historical Social Research 30. Jg. (2005), H. 1 (111), S. 168-199; Paul Atkinson/Martin Hammersley: Ethnography and Participant Observation, in: Norman K. Denzin/Yvonna S. Lincoln (eds.): Handbook

lich möglicher Erkenntnisse reflektiert worden. Doch haben in der politischen Sphäre auch Erlebnisberichte eine lange Tradition und sind ungeachtet ihrer evident subjektiven Perspektive potentiell geeignet, Aspekte zur Erkenntnisgewinnung beizusteuern.

Die nachfolgende Darstellung vermittelt nach einigen Bemerkungen zur persönlichen und institutionellen Vorgeschichte in kurzen Abschnitten den Verlauf des Geschehens. Dabei sind drei Ebenen miteinander verwoben:

- Geschehnisse an der Martin-Luther-Universität selbst,
- Vorgänge im Zusammenhang mit der von mir eingereichten Petition in Universitätsverwaltung, Ministerium und Petitionsausschuß des Landtags von Sachsen-Anhalt und
- die öffentliche Berichterstattung über die Vorgänge.

Den Abschluß bilden eine Auswertung und verallgemeinernde Betrachtung.

---

of Qualitative Research, Thousand Oaks 1994, S. 248-261; Jürgen Kriz: Beobachtung, in: Dieter Nohlen/Rainer-Olaf Schultze (Hrsg.): Politikwissenschaft, Bd. 1, 4. Aufl. München 2010, S. 79-80.

Die Vorgeschichte

Eigene Vorprägung, das Institut und dessen Lehrbereich Regierungslehre und Policyforschung

Der Unterricht zur Grammatik der deutschen Sprache hat für mich in der Grundschule begonnen, nahezu selbstverständlich bei einer weiblichen Lehrkraft. In der vierten Klasse der „Volksschule“, wie sie damals noch hieß, wurden deutsche Begriffe verwendet, um etwa „Fälle“ oder „Fürwörter“ zu bestimmen und voneinander zu unterscheiden.

Auf dem Gymnasium wurden in der fünften Klasse („Sexta“) die deutschen Bezeichnungen durch lateinische ersetzt. Wiederum bei einer weiblichen Lehrkraft stellte der Grammatikunterricht in Deutsch für mich eine vertiefende und verbreiternde Wiederholung dar. Sie war Voraussetzung für das Verständnis zunächst des englischen, dann aber vor allem des lateinischen Sprachunterrichts. Dessen Übersetzungsaufgaben waren ohne eine strikte Beachtung vorhandener Kongruenzen zwischen Substantiven, Adjektiven, Pronomina und Verben nicht bearbeitbar. Persönlich hatte ich Freude daran, Beziehungen zu entdecken und für die Übersetzungen nutzbar zu machen. Die dabei zu erlernende Vorgehensweise diente der Ordnung eigener Gedanken und hat sich später für meine wissenschaftliche Arbeit als fruchtbar erwiesen.

In der Oberstufe nahmen wir im Englischunterricht George Orwells Roman „1984“ durch[2]. Der politisch sehr wache Lehrer, stolz darauf, Klassenlehrer der Tochter des damals amtierenden Bundeskanzlers gewesen zu sein, wies nachdrücklich auf das von Orwell der national- und realsozialistischen Wirklichkeit entnommene Phänomen der Sprachmanipulation – „Newspeak“ – hin. Parallel dazu machte uns ein kriegsversehrter Deutschlehrer auf die sprachanalytische Publikation eines der Gründerväter der deutschen Politikwissenschaft, Dolf Sternberger, aufmerksam. Aus dem „Wörter-

[2] George Orwell: 1984. A novel, New York 1950.

buch des Unmenschen“ erfuhren wir etwa, welche Komposita mit dem Wort „Menschen“ einen menschenverachtenden Inhalt hatten und daher zu vermeiden seien[3]. Bei Besuchen in der DDR konnte ich später eigene Erfahrungen mit „Vopos“, „Abschnittsbevollmächtigten“ und anderen „Organen“ der Unterdrückung machen.

Im Studium kam es dann für die Rechtswissenschaft sehr erheblich auf die Herstellung korrekter Bezüge zwischen den in Rechtsnormen verwendeten Begriffen und vorhandenen Verweisungen an. Selbst die - heute vielfach für entbehrlich gehaltene - korrekte Interpunktion hat dabei sinntragende Relevanz. In der Politologie beschäftigte ich mich ausgiebig mit grundlegenden Ordnungen der einzelnen politischen Systeme. Strukturen, Funktionen und zu deren Wahrnehmung dienende Kompetenzen sind in ihrer vielfach hohen Komplexität für Interaktionen zu durchschauen. Die diversen empirisch realisierten oder normativ vertretenen Gewaltenteilungsmodelle als Garanten westlicher Demokratie, deren Studium sich mein Doktorvater gewidmet hatte, erfordern einen Sinn für die „*Grammar of Politics*“, wie der britische Politiker und Politikwissenschaftler Harold Laski sich ausgedrückt hat[4].

In der Verwaltungswissenschaft lernte ich schließlich die rationale Strukturierung von Informationen, Kompetenzen, Sanktionen, Entscheidungsradien und Weisungen kennen. Das „Kongruenzprinzip“, das Eberhard Laux uns in seinen Lehrveranstaltungen in Speyer nahebrachte[5], stellte für mich vor dem Hintergrund des Lateinunterrichts eine Übertragung sprachlicher Regeln auf organisa-

---

[3] Dolf Sternberger: Menschenbehandlung, in: Dolf Sternberger/Gerhard Storz/Wilhelm E. Süsskind: Aus dem Wörterbuch des Unmenschen, Tb.-Ausg. München 1962, S. 82-92 (ursprünglich Hamburg 1957).

[4] Winfried Steffani: Pluralistische Demokratie, Opladen 1980; ders.: Gewaltenteilung und Parteien im Wandel, Opladen/ Wiesbaden 1997; Harold J. Laski: A Grammar of Politics, 4th ed. London 1963.

[5] Helmut Klages/Eberhard Laux: Grundfragen organisatorischer Gestaltung, gemeinsames, wöchentlich insgesamt 6-stündiges Seminar im Wintersemester 1984/85 an der damaligen „Hochschule [heute: Deutschen Universität] für Verwaltungswissenschaften Speyer“.

tionssoziologische Problemstellungen dar. Für das Funktionieren der deutschen Wirtschaft und Verwaltung ist einer solchen Transferleistung von der sprachlichen in die soziale Sphäre traditionell eine hohe Bedeutung zugekommen.

Am Ende meiner wissenschaftlichen Qualifikationsphase erinnerte mich ein hallescher Philosophieprofessor im Zusammenhang mit meiner Habilitation an eine Schrift, „die Sie mit Sicherheit kennen", es sei aber gut, sie in einer solchen Situation zur Selbstvergewisserung noch einmal zur Hand zu nehmen: Max Webers Vortrag „Wissenschaft als Beruf" [6]. Den wohlgemeinten Rat nahm ich gerne an, obgleich ich diesen Text in der Tat auch schon in eigenen Lehrveranstaltungen behandelt hatte.

Akademische Lehre

Gelehrt hatte ich seit Antritt meiner ersten beruflichen Stelle (1985), der eines wissenschaftlichen Mitarbeiters an der damaligen Universität Kaiserslautern[7]. Nach sechs Jahren dort und einer Tätigkeit in der Bonner politischen Planung war ich unter den Bedingungen einer jahrzehntelang durch den Realsozialismus in ihrer Entwicklung deformierten Universität ab 1992 für sechs Jahre als Wissenschaftlicher Assistent in Halle tätig geworden. Dann folgten Köln und Düsseldorf (1999-2003), Sofia (2003-05) und gleichzeitig wiederum Halle, ab 2002 als Privatdozent. Ebenso wie während meiner zwei Jahre als Akademischer Direktor des *„German Studies Center"* an der bulgarischen St. Kliment-Ochridski-Universität Sofia behielt ich meine Tätigkeit an der Martin-Luther-Universität auch bei, als ich 2011 einen Ruf an die private EBC-Hochschule in Hamburg erhielt. Denn die Rechte aus meiner Habilitation wollte ich für eine halbe Stelle an einer staatlich anerkannten *„University of Applied Sciences"*

---

[6] Max Weber: Wissenschaft als Beruf, 11. Aufl., Berlin 2011 (ursprünglich 1919).

[7] Heute: „Rheinland-Pfälzische Technische Universität Kaiserslautern-Landau" (RPTU).

nicht aufgeben, was aber seitens des Landesgesetzgebers damals nicht vorgesehen war.

Im Ergebnis hatte ich bis einschließlich des Wintersemesters 2020/21 insgesamt 112 selbständige Lehrveranstaltungen aller Art in deutscher Sprache gehalten, dazu in meiner Qualifikationsphase Veranstaltungen gemeinsam mit Professoren. An der EBC-Hochschule mit ihren verschiedenen Standorten waren 65 Kurse in englischer Sprache zu halten gewesen. Hinzugerechnet werden können die Mitwirkung an einem englischsprachigen Doktorandenseminar in Sofia, sowie vierzehn außeruniversitären Seminaren, die ich teilweise für die Konrad-Adenauer-Stiftung auch geleitet habe.

In der Politologie begegnet man in Lehrveranstaltungen immer wieder politisch engagierten Teilnehmern. Ein solches Engagement kann sich als ausgesprochen förderlich für den Berufseinstieg erweisen. Als Dozent hat man seine Freude daran, wenn aus einem Studenten einige Jahre später ein Bürgermeister, Staatssekretär oder gar Minister geworden ist. Derartige Karrieren beginnen häufig in den Jugendverbänden politischer Parteien. Gleichwohl habe ich stets darauf geachtet, daß in meinen Lehrveranstaltungen keine ideologisch geprägte, sondern eine wissenschaftsadäquate Sprache gepflegt wurde.

Dazu gehörten Hinweise auf den – für die Vergleichende Politikwissenschaft zentral bedeutsamen – Unterschied zwischen „vergleichen“ und „miteinander gleichsetzen“. Der Satz: „Das ist ja gar nicht miteinander vergleichbar!“, blieb bei mir daher nicht unbeanstandet. Auch auf die korrekte Verwendung von „scheinbar“ und „anscheinend“ mußte wieder und wieder hingewiesen werden.

Ausdrücke wie das verächtlich machende Kürzel „FdGO“ – „freiheitlich-demokratische Grundordnung“ – für unsere Verfassungsordnung oder „Radikalenerlaß“ für den unter Bundeskanzler Willy Brandt mit den Ministerpräsidenten der Länder vereinbarten Extremistenbeschluß sind bei mir nicht durchgegangen.

Gegen das Kürzel „BRD“ wandte ich regelmäßig ein: Dies war die Schmähbezeichnung der DDR, die als Angabe der Staatsangehörigkeit von Deutschen aus der Bundesrepublik Deutschland bei

Einreisen in den damals realsozialistisch regierten Teil des Landes einzutragen war. Den jungen Leuten, die in Halle studierten, waren diese ideologisch geprägten Konnotationen typischerweise nicht geläufig.

Ebenso wie mein Doktorvater vermied ich die deutsche Bezeichnung „Oberhaus" für das britische *House of Lords*, um keiner devoten Haltung gegenüber vermeintlich „höheren" Rängen der Gesellschaft Vorschub zu leisten. Das *House of Commons*, die Kammer der „Gemeinen", pflegte Winfried Steffani zu sagen, sei für alle da. Wegen der sexusspezifischen Komponente des Wortes „Wahlmänner" verwendete ich darüber hinaus bezüglich der Präsidentschaftswahlen in den USA regelmäßig die Lehnübersetzung „Elektoren". Zu weiterführenden Aspekten des Themenfeldes „Sprache und Politik" trug ich auf internationalen Tagungen vor[8].

Während mein Gehalt als Mitarbeiter, Assistent, Direktor und FH-Professor im Rahmen meines Anstellungsverhältnisses auch für die erbrachte Lehre gezahlt wurde, war ich seit meiner Habilitation gesetzlich verpflichtet, unentgeltlich und hinsichtlich der Fahrt und des Aufenthaltes auf eigene Kosten die sogenannte „Titellehre" an der Martin-Luther-Universität zu erbringen, um die Berechtigung zur Führung der Bezeichnung „Privatdozent" und später „außer-

---

[8] „Manipulationsstrategien in der Politik in Vergangenheit und Gegenwart", Sofia (BG), 7./8. Oktober 2004, Tagung des Diplomatischen Instituts beim Außenministerium der Republik Bulgarien mit dem Institut für Eurointegration und interkulturelle Kommunikation, veröffentlicht als: Sprache zwischen Herrschafts- und Oppositionskommunikation, in: Jürgen Plöhn (Hrsg.): Sofioter Perspektiven auf Deutschland und Europa, Berlin 2006, S. 107-125; „Sprache und Politik im erweiterten Europa", Fachtagung des Sächsisch-Tschechischen Hochschulzentrums der Technischen Universität Chemnitz, Seiffen/Erzgebirge, 22.-24. Juni 2006, veröffentlicht als: System und Kommunikation: Politische Sprache in Demokratie und Diktatur, in: Beate Neuss/Werner Holly (Hrsg.): Sprache und Politik im erweiterten Europa, Europäisches Zentrum für Föderalismus-Forschung, Tübingen 2007, S. 21-40.

planmäßiger Professor" zu wahren[9]. Aus diesem Grunde hatte ich kein Interesse daran, über das Halten der Seminare hinaus weitere Zeit auf die Lektüre von Seminararbeiten zu verwenden. Daher wies ich die Interessenten an meinen Lehrangeboten nicht nur auf die beschränkte Anzahl von Plätzen, sondern auch auf den Umstand hin, daß ich nur unter besonderen Umständen aufgrund der persönlichen Lage oder besonderen Interesses an einem speziellen Thema meines Seminars bereit sei, auch noch ein dazu gefertigtes Papier entgegenzunehmen. Das hat manche enttäuscht, ließ sich für mich jedoch angesichts meiner anderweitigen Verpflichtungen kaum anders machen, wollte ich meine Standards in Betreuung und Bewertung studentischer Arbeiten nicht aufgeben. Bei Übernahme eines mündlichen Referates wurde in Einklang mit den jeweiligen Prüfungsordnungen die aktive Teilnahme an der Lehrveranstaltung auch ohne Vorlage einer schriftlichen Ausarbeitung ordnungsgemäß bescheinigt, so daß die Teilnehmer beiderlei Geschlechts unabhängig von einer Erweiterung ihres Bildungsstandes auch einen formalen Studienfortschritt verzeichnen konnten.

Erst mit Vollendung meines 62. Lebensjahres änderte sich meine Situation hinsichtlich der Lehre insoweit, als die gesetzliche Verpflichtung zur Titellehre entfiel[10]. Dem Institut für Politikwissenschaft gegenüber erklärte ich meine Bereitschaft, auch weiterhin in der Lehre tätig zu sein, doch hätte ich dafür nun nach 16 Jahren aus eigener Tasche beglichener Tätigkeit gern die Reisekosten und die Aufwandsentschädigung (1050 € pro Semester) für Lehrbeauftragte. Anstandslos wurden mir daraufhin entsprechende Lehraufträge erteilt.

---

[9] § 48 HSG LSA, § 13 Habilitationsordnung der Philosophischen Fakultäten der Martin-Luther-Universität.

[10] § 48 Abs. 3 Satz 4 HSG LSA.

Personelle Wechsel im Lehrbereich Regierungslehre und Policyforschung

Zu diesem Zeitpunkt war die ursprünglich von Hans-Hermann Hartwich eingenommene, dann an Arthur Benz und nachfolgend an Suzanne S. Schüttemeyer gegangene Professur verwaist. Hartwich hatte mich 1992 an das von ihm gegründete, erste Institut für Politikwissenschaft in den „Neuen Ländern" geholt. Er kannte mich seit meinem ersten Studiensemester und hatte als Zweitgutachter meine Diplom- und meine Doktorarbeit beurteilt[11]. Für die Assistentenstelle hatte er sich jedoch, bevor er sie mir anbot, mehrere andere Interessenten angesehen. Hartwichs Nachfolger kannte ich aus dem Studium in Speyer. Benz war dort damals als Forschungsreferent beschäftigt. Suzanne Schüttemeyer, als Redaktionsmitglied, später Chefredakteurin der von Winfried Steffani gegründeten *Zeitschrift für Parlamentsfragen* aus dem gleichen „Stall"[12] kommend wie ich, hatte ich bereits bei Hartwichs Weggang aus Halle auf die freiwerdende Professur aufmerksam gemacht, doch hatte sie zu diesem Zeitpunkt ihre Habilitation noch nicht abgeschlossen. Mit allen dreien war die Zusammenarbeit konstruktiv.

Nach Suzanne Schüttemeyers Eintritt in den Ruhestand wurde das Lehrgebiet mit Lehrstuhlvertretern besetzt, deren erster aufgrund seines Listenplatzes für die Nachfolge mit der Hoffnung angetreten war, die Dauerstelle zu erhalten. Da dies 2020 an einer

---

[11] Diplomarbeit: Die Evangelische Kirche in Deutschland als politische Interessengruppe. Eine politologische Analyse unter besonderer Berücksichtigung der Denkschriften der EKD, Universität Hamburg 1983; Dissertation: Untersuchungsausschüsse der Landesparlamente als Instrumente der Politik, Opladen 1991.

[12] Die gebräuchliche Redewendung vom „Stallgeruch" hat für die hamburgischen Politologen insofern noch eine spezifische Bedeutung, als das Institutsgebäude in früherer Zeit ein Pferdestall war und bis heute an der Universität unter dieser Bezeichnung bekannt ist.

Konkurrentenklage scheiterte[13], vollzog sich die darzustellende Entwicklung *meines* „Falles“ bei wechselnden Vertretern für den Lehrbereich „Regierungslehre und Policyforschung“ vor dem Hintergrund eines personell gespaltenen Instituts, in dem die Zuordnung der Sekretariatsstellen zu den Professuren aufgrund der bestehenden Spannungen bereits hatte geändert werden müssen.

[13] Patrick Bahners: Akademische Personalpolitik. Wer passt, wird passend gemacht, F.A.Z. NET, 9.9.2020; ders.: „Hausberufung“ in Halle. Ein Fall von übertriebener Nachwuchspflege, F.A.Z. NET, 14.10.2020; ders.: Dekanin in Halle tritt zurück: Verantwortung ist unteilbar, F.A.Z. NET, 29.10.2020.

Der Konfliktverlauf

Der Beginn des Konflikts

Nach zwei Semestern, in denen einzelne Präsentationen von Studenten in meinen Lehrveranstaltungen gender-sprachliche Einsprengsel aufgewiesen hatten, hielt ich es angesichts eines steigenden Gender-Drucks in der Werbewirtschaft und medialen Öffentlichkeit für ratsam, die Interessenten für meine Seminare von vornherein auf die dort geltenden Standards hinzuweisen: Seit 1985 war in meinen Lehrveranstaltungen von allen Beteiligten anstandslos die jeweilige, mit wissenschaftssprachlichen Fachbegriffen garnierte, deutsche oder englische Hochsprache verwendet worden. Daran wollte ich festhalten, jedoch niemanden erst während des laufenden Semesters in seinen möglicherweise völlig andersartigen, auf Gesellschaftsveränderung qua Sprachmanipulation gerichteten Absichten stören, vielmehr eine informierte Entscheidung für eine der alternativ zu besuchenden Wahlpflichtveranstaltungen ermöglichen.

Angesichts einer großen Zahl formaler Eintragungen für mein wirtschaftspolitisches Seminar im Sommersemester 2021, von denen nach den Vorerfahrungen anzunehmen war, daß ein erheblicher Teil auf mehrfache Meldungen für parallele Veranstaltungen zurückzuführen waren, gab ich den bereits deutlich vor dem Vorlesungsbeginn registrierten Studenten folgenden Hinweis:

> Sie haben sich für meine Lehrveranstaltung registriert. Nach allen meinen Erfahrungen werden nicht alle von Ihnen tatsächlich an dieser Veranstaltung teilnehmen. Damit Sie eine qualifizierte Entscheidung über Ihre tatsächliche Teilnahme treffen können, habe ich Ihnen den Seminarplan, Informationen über die Durchführung des Kurses und die dafür geltenden Leistungsanforderungen, eine kurzgefaßte und eine umfangreiche Literaturliste sowie Hinweise zum Umgang mit der deutschen Sprache in den Seminarordner gestellt.

In dem ins universitäre Intranet „Stud.IP" eingestellten Seminarordner stand die Mitteilung:

> Damit keine Mißhelligkeiten entstehen, beachten Sie bitte weiterhin:
> Texte, die inhaltlich oder sprachlich ideologisch geprägt sind, sind eo ipso unwissenschaftlich und entsprechen daher nicht den Leistungsanforderungen. Dies gilt für den Stil ebenso wie für den Inhalt. Dies gilt insbesondere auch für die ideologisch geprägte ‚Gendersprache'. Zwei sprachwissenschaftlich qualifizierte Darlegungen zu diesem Problem finden sich im Seminarordner.

Eindeutig erkennbar ist damit zumindest vier Aspekte:

1.) Die interessierten Studenten sollten sich bewußt für oder gegen mein Lehrangebot entscheiden können, so daß Auseinandersetzungen sollten vermieden werden können.
2.) Es ging nicht um eine universitätsweite, plakative Propagierung des eigenen Standpunktes, sondern um die Bekanntgabe geltender Standards gegenüber Interessenten.
3.) Für die Ablehnung der Gendersprache in meiner Lehrveranstaltung habe ich von Anfang an wissenschaftsimmanente Gründe geltend gemacht, auch wenn ich diese in der knappen Seminarankündigung nicht explizit ausgeführt habe.
4.) Eine konkrete Aussage über die von mir vorgesehenen Konsequenzen bei Gebrauch einer für wissenschaftliche Zwecke meines Erachtens ungeeigneten Sprache habe ich nicht getroffen.

Die Positionierung des Dekanats

Statt hierüber mit mir eine Aussprache zu suchen, wandten sich – mir bis heute unbekannt gebliebene – Studenten an die „Präventionsstelle Diskriminierung und sexuelle Belästigung" in der „Stabsstelle Vielfalt und Chancengleichheit" der Universität, die ihrerseits das Dekanat der unter anderem für die Sozialwissenschaften zuständigen Philosophischen Fakultät I hierüber informierte. Daraufhin erhielt ich ein gemeinsam von Dekan und Prodekan für die Lehre unterzeichnetes Schreiben, in welchem ich auf eine sprachliche Zielvorstellung der Universität hingewiesen wurde[14]:

> Die Universität hat sich in ihrem Leitbild Gleichstellung zu einem geschlechtergerechten Sprachgebrauch in allen offiziellen Dokumenten verpflichtet und strebt an, dass die Verwendung einer geschlechtergerechten Sprache in der Lehre selbstverständlich wird.

Dazu bestehe neben „Empfehlungen" der Stabsstelle für Vielfalt und Chancengleichheit auch eine „Orientierungshilfe" der Medizinischen Fakultät[15]. Auf das „Leitbild" der Universität gestützt, erklärten mir Dekan und Prodekan, meine persönliche Haltung zu diesen „Empfehlungen" sei meine Sache[16].

> Ihre Meinung in vorliegender Form auf Stud.IP zu propagieren, steht allerdings eindeutig im Widerspruch zu den Werten unserer Universität. Nicht dulden können wir die von Ihnen angestrebte Diskriminierung jener Studierenden, die dem Aufruf und dem Leitbild der Universität folgen und eine geschlechtersensible Sprache in ihren Ausarbeitungen verwenden! Wir fordern Sie deshalb auf, die entsprechenden Einträge aus Stud.IP zu entfernen und den Studierenden mündlich in der Lehrveranstaltung mitzuteilen, dass sich die Verwendung einer geschlechtergerechten Sprache nicht nachteilig auf die Lei-

---

[14] Schreiben – per E-Mail an meine Privatadresse – vom 3.5.2021. – *Aus Gründen des Persönlichkeitsschutzes werden hier und im folgenden die dem Verfasser gegenüber handelnden Personen nicht mit ihrem Namen, sondern lediglich mit Amts- und Funktionsbezeichnungen genannt.*

[15] Universitätsmedizin Halle: Orientierungshilfe zur geschlechtersensiblen Sprache. Stand: Oktober 2019. – Kontakt: Gabriele Meyer (MLU, Medizinische Fakultät, Prodekanat Genderfragen, Institut für Gesundheits- und Pflegewissenschaft), Überarbeitung: Katharina Clever und Katrin Drevin. *https://wcms.itz.uni-halle.de/download.php?down=61049&elem=3018099&func=chr8s9s2khdoaik6esgprvqlqhn9hhv8.*

[16] Ebd., 2. Seite (nicht paginiert).

> stungsbewertung auswirken wird. Wir erwarten, dass Sie uns schriftlich zusichern, diese Forderungen zu erfüllen und künftig im Rahmen Ihrer Lehre an unserer Universität derartige Diskriminierungen zu unterlassen.

An diesem Text fällt zunächst auf, daß an einer Philosophischen Fakultät ausdrücklich Unduldsamkeit zum handlungsleitenden Prinzip erklärt wird. Das wirkt an einer Universität, die mit Stolz auf ihre aufklärerische Tradition verweist, recht befremdlich. Gleiches gilt für den Versuch, einen Wissenschaftler, ohne dessen Zustimmung eingeholt zu haben, an einer staatlichen Universität auf „Werte" verpflichten zu wollen.

Sodann erscheint es nicht eben plausibel, an einer Universität mit einem Germanistischen Institut auf einen Sprachleitfaden aus der Medizinischen Fakultät zu verweisen, in der auch in Halle nicht die Linguisten angesiedelt sind. Der betreffende Text läßt an seiner Prägung nicht durch Sprachwissenschaftler, sondern durch Anhängerinnen einer Gesellschaftsveränderung bereits in seiner Präambel keine Zweifel. Diese beginnt mit den apodiktischen Feststellungen[17]:

> Sprache schafft Realität und umgekehrt schafft Realität Sprache. Sprache ist eine soziale Praxis, derer sich die Sprechenden zumeist nicht bewusst sind. In gesellschaftlichen Kontexten, die männlich geprägt sind, ist maskuline Sprache sprachliche Realität. Jede Bemühung der Geschlechtergleichstellung muss somit auch die sprachliche Gleichbehandlung der Geschlechter implizieren. Das Bewusstsein für die Anliegen einer diskriminierungsfreien Sprache zu schärfen ist damit Bestandteil einer kontinuierlichen Weiterentwicklung von Sprache.

Die „Sprechenden" sind also sprachlich nicht „mündig", da sie nicht in der Lage sind, ihre Sprachpraxis selbst zu erkennen. Vielmehr bedürfen sie einer Aufklärung. Die Weiterentwicklung der Sprache kann daher offenbar nicht Sache der Sprachgemeinschaft

---

[17] Universitätsmedizin Halle: Orientierungshilfe zur geschlechtersensiblen Sprache, a.a.O., Präambel.

sein, die in egalitär-basisdemokratischer Weise die deutsche Sprache fortgebildet hat, sondern ist gemäß den Vorstellungen einer gesellschaftspolitisch aufgeklärten „Elite" vorzunehmen. Hierfür wird das „Allgemeine Gleichbehandlungsgesetz (AGG)" in Anspruch genommen, das allerdings anderenorts wesentlich anders verstanden wird. Zur Abwehr gängiger Gegenargumente heißt es dann unter Bezugnahme auf psychologische – nicht auf sprachwissenschaftliche – Literatur[18]:

> Zum Einfluss geschlechtersensibler Sprache auf z. B. den Lesefluss oder das Textverständnis im Deutschen gibt es viele Forschungsergebnisse aus der Linguistik, Psychologie oder der interdisziplinären Geschlechterforschung. Studien haben dabei gezeigt, dass die Verwendung geschlechtersensibler Sprache (Paarformen) keinen signifikanten Effekt auf die Textverständlichkeit, die Erfassung von Wortbedeutungen oder die Erinnerungsleistung für Textinformationen hatte.

Gegen jeden denkbaren Versuch, die beiden Studien durch andere Untersuchungen infrage zu stellen, immunisieren sich die Verfasserinnen mit der Bemerkung[19]:

> Abgesehen davon ist geschlechtersensible Sprache im Bereich der Normativität anzusiedeln und bedarf damit keiner primär empirischen Begründung.

In dankenswerter Klarheit tritt hier als Selbstbekenntnis zu einer „Normativität" die – *eo ipso außerwissenschaftliche* – Absicht hervor.

---

[18] Angeführt werden: Friedrich MCG, Heise E. Does the use of gender-fair language influence the comprehensibility of texts?: an experiment using an authentic contract manipulating single role nouns and pronouns. Swiss J Psychol. 2019;78(1-2):51-60; Braun F, Oelkers S, Rogalski K, Bosak J, Szesny S. "Aus Gründen der Verständlichkeit …": Der Einfluss generisch maskuliner und alternativer Personenbezeichnungen auf die kognitive Verarbeitung von Texten. Psychol Rundsch. 2007;58(3):183-189. Universitätsmedizin Halle: Orientierungshilfe zur geschlechtersensiblen Sprache, a.a.O., S. 10.

[19] Ebd., Präambel.

Diesem Aspekt kommt für die weitere Entwicklung der Auseinandersetzung zentrale Bedeutung zu.

An der mir zugesandten Einlassung des Dekans und Prodekans wirkt weiterhin befremdlich, daß an der für Philosophie und Politologie zuständigen Fakultät der Begriff der „Gerechtigkeit" in unkritischer Weise als objektive Größe behandelt wird, obgleich die jeweils subjektive inhaltliche Füllung dieses Höchstwertes allgemein bekannt ist[20].

Groteskerweise wurde diese Widerrufsforderung an der Universität Martin Luthers überdies gerade im Jahre des 500. Jubiläums des Reichstags zu Worms erhoben. Der maßstäbesetzende Namenspatron dieser Universität hat seine Rede am zweiten Tage seines Auftritts vor dem Reichstag mit den Worten beschlossen[21]:

> Wenn ich nicht mit Zeugnissen der Schrift oder mit offenbaren Vernunftgründen besiegt werde, so bleibe ich von den Schriftstellen besiegt, die ich angeführt habe, und mein Gewissen bleibt gefangen in Gottes Wort. ... Widerrufen kann und will ich nichts, weil es weder sicher noch geraten ist, etwas gegen sein Gewissen zu tun. Gott helfe mir, Amen.

Gemeingut – bei Luther die Bibel, für heutige Wissenschaftler ihr *lege artis* in Forschung und Lehre betriebenes Fach – und die allge-

---

[20] Siehe etwa: F. Loos/H.-L. Schreiber/H. Welzel: Gerechtigkeit (II.2), in: Joachim Ritter (Hrsg.): Historisches Wörterbuch der Philosophie, Bd. 3, Liz.-Ausg. Darmstadt 1974, Sp. 335-338 (329-338); Axel Tschentscher: Gerechtigkeit, in: Werner Heun et al. (Hrsg.): Evangelisches Staatslexikon, Neuausg., Stuttgart 2006, Sp. 724 f. (724-732); Otfried Höffe: Gerechtigkeit (I.), in: Görres-Gesellschaft (Hrsg.): Staatslexikon, 2. Bd., 7. Aufl., Freiburg/Basel/Wien 1986, Sp. 895-898 (895-906); Manuel G. Velasquez: Business Ethics, 6th ed., Upper Saddle River, NJ 2006, S. 362 f.

[21] Deutsche Übersetzung zitiert nach: Verteidigungsrede auf dem Reichstag zu Worms, *https://www.worms.de/de/web/luther/Worms_1521/Reichstag/Luthers_Rede.php*; Original (lat.): Deutsche Reichstagsakten, Jüngere Reihe, Deutsche Reichstagsakten unter Kaiser Karl V., Bd. 2. 1896, n. 80, S. 581 f.; vgl. auch Hanns Lilje: Martin Luther in Selbstzeugnissen und Bilddokumenten, Reinbek 1965, S. 85.

meinen Regeln der Logik, die bei jenem fanalhaften Aufbruch in die Moderne Pate standen, sind als Grundlagen für das Betreiben von Wissenschaft bis heute nicht überholt. Daher wies mir der Namenspatron der Universität den Weg: Statt mit der von mir – wie von Luther – unmißverständlich geforderten glatten Unterwerfung antwortete ich mit einer Begründung meiner eigenen Auffassung[22]:

> Denn für die Zwecke der von mir vertretenen Wissenschaft ist eine Gender-Sprache nicht geeignet, wobei der Grund darin liegt, dass jegliches inhaltliche Wollen einen Ausschließungsgrund für die Wahrheitsfähigkeit eines Satzes darstellt.

Dies hatte ich oft genug in meinen hamburgischen Vorlesungen zur Wirtschaftspolitik durchgenommen[23]. Unzweideutig habe ich weiterhin klargestellt[24]:

> Der Besuch meiner Lehrveranstaltung ist für niemanden verpflichtend. Den Teilnehmern – gleich, welchen Geschlechts – scheint es, soweit ich bisher gesehen habe, keine größeren Probleme zu bereiten, mir einen Text in schlichter deutscher Sprache vorzulegen.

---

22 Antwortschreiben des Verfassers vom 6.5.2021, S. 4.

23 Siehe etwa die Unterscheidung zwischen „The economist as scientist" und „The economist as policy advisor" im Lehrbuch von N. Gregory Mankiw/Mark P. Taylor: Economics, 4th ed., Andover, Hampshire, 2017, S. 17-24. Auch Helmut Seiffert, der zum Wertproblem eine inklusive, „nichtanalytische" Einstellung vertrat, unterschied handlungsleitende Wertfragen, die er als potentielle Gegenstände wissenschaftlicher Erörterungen ansah, von Sachverhaltsermittlungen. Helmut Seiffert: Einführung in die Wissenschaftstheorie, Bd. 1, 10. Aufl. München 1983, S. 21 f. – Die Verwendung von Gender-Sprache dient indes gerade nicht der *Erörterung*, sondern der *Insinuierung* eines nur implizit behaupteten, analysierbaren Sachverhalts und seiner von einer als zutreffend unterstellten handlungsleitenden Theorie abhängigen Therapie.

24 Antwortschreiben des Verfassers vom 6.5.2021, S. 4.

Über die rein theoretische Frage einer Beurteilung potentieller sprachlicher Fehler hat mein Ankündigungstext, worauf ich ebenfalls hingewiesen habe, keine Aussage enthalten.

Mit einer gewissen Naivität hinsichtlich der Möglichkeit, mit Gender-Sprach-Anhängern Argumente auszutauschen, erläuterte ich mein wissenschaftliches Herkommen einschließlich der 1992 als Wissenschaftlicher Assistent an dem neugegründeten Institut für Politikwissenschaft übernommenen Aufgabe, eine ideologiefreie Wissenschaft von der Politik in Halle mitzubegründen. Auch den kollegialiter aus dem Institut für Philosophie anläßlich meiner Habilitation gegebenen Hinweis auf Max Weber erwähnte ich[25]. Zu sprachlichen Problemen führte ich aus:

> Von der Sprachgemeinschaft ist die deutsche Sprache organisch fortentwickelt worden. Verbindliche Regeln können nur für einzelne administrative Anwendungsbereiche oktroyiert werden. Dagegen kann administrativen Beschlüssen – an denen ich in concreto weder direkt noch indirekt beteiligt gewesen bin –, für die Beurteilung der Wissenschaftsadäquanz bestimmter Ausdrucksweisen keine Bedeutung zukommen.

Im Unterschied zu juristischen Fakultäten oder dem Doktorvater meiner Schwester verlangte ich keineswegs eine spezifische Diktion, nur eine wissenschaftsadäquate Ausdrucksweise in deutscher Hochsprache[26].

> Wie allgemein bekannt, sind „Genus" und „Sexus" zweierlei. Das habe ich sehr nachdrücklich im Lateinunterricht gelernt. Aus der heutigen Praxis darf ich auf folgende Anwendungsfälle hinweisen: Das Amt des leitenden Geistlichen der bremischen evangelischen Kirche wird mit „Scriba" bezeichnet. Ein Literaturwissenschaftler in St. Louis, wurde zum „Poeta laureatus" gekrönt. Eine Frau in meinem hiesigen Bekanntenkreis, die die Pilotenlizenz für Verkehrsflugzeuge erworben hat, bezeichnet sich als „Flugkapitän"; schließlich stehe sie ihren männlichen

[25] Ebd., S. 2.

[26] Ebd., S. 3.

> Kollegen ja in nichts nach. In Halle haben sich Frauen, bei denen ich mich gern und vertrauensvoll in Behandlung begeben habe, selbst als „Arzt" beziehungsweise „Zahnarzt" bezeichnet, was mir in selbstreferentieller Anwendung auf eine weibliche Person besonders auffiel. Die Damen bekannten sich indes mit berechtigtem Stolz zu ihrem Berufsstand. Das hatte ich nicht zu kritisieren.
> Soweit es in der Gesellschaft trotz einer Bundeskanzlerin und etlichen Ministerinnen, Ministerpräsidentinnen und Professorinnen noch immer Diskriminierungen gegenüber Frauen gibt, so sind diese durch gesellschaftliche Maßnahmen zu beseitigen. In meinen organisationswissenschaftlichen Studien habe ich gelernt, dass man Probleme in einem Organisationsbereich nicht dadurch lösen darf, dass man einen anderen mit hineinzieht. Sprache und Gesellschaft sind indes zwei – aufeinander bezogene – Bereiche wie das obligatorische und das dingliche Geschäft im Rechtsverkehr, zwischen denen deutsche Juristen ebenfalls strikt differenzieren.

Ich schloß meine Ausführungen mit einer Begründung, weshalb die verlangte Unterwerfung nicht ansatzweise in Betracht gezogen werden könne. Dazu bot ich drei Alternativen an[27]:

> Über die konkrete Konsequenz hinsichtlich der Behandlung eines vorgelegten fehlerbehafteten Textes enthält mein Hinweis keine Angaben. Sprachliche Mängel treten auch in anderer Hinsicht in vielfältiger Weise auf. Sie sind jeweils daraufhin zu überprüfen, ob sie den wissenschaftlichen Gehalt des Textes tangieren – das mag etwa bei einem schlichten fehlenden „nicht" der Fall sein – oder insoweit nur unschön oder als unerheblich anzusehen sind.
> Durch ein Eingehen auf Ihre Forderung, die einen Eingriff in meine durch Art. 5 Abs. 3 GG geschützte Lehre darstellt, würde ich als Wissenschaftler, der als „Professor" für das einzustehen hat, was er erkannt hat, vollständig desavouiert. Dies kann da-

[27] Ebd., S. 5.

> her keine Handlungsoption sein. Ich kann Ihnen daher folgende Handlungsweisen anbieten:
> a) Sie kündigen meinen Lehrauftrag mit allen sich daraus dann potentiell ergebenden rechtlichen Konsequenzen, streichen die Lehrveranstaltung und nehmen den tatsächlich bei mir Studierenden ihren Kurs.
> b) Nachdem alle Teilnehmerinnen und Teilnehmer meine Hinweise haben zur Kenntnis nehmen können, kann ich für den weiteren Verlauf des Semesters auf deren fortgesetzte Internetpräsenz verzichten. Ich kann sie daher nunmehr aus dem Ordner herausnehmen und den Kommilitoninnen und Kommilitonen die Argumente für meine Position noch einmal mündlich erläutern. Die eingereichten Papiere werde ich weiterhin individuell nach den oben genannten Prinzipien hinsichtlich ihrer wissenschaftlichen Korrektheit und Verständlichkeit beurteilen.
> c) Ich führe die Lehrveranstaltung in englischer Sprache weiter. Dies setzte allerdings nach meinem Verständnis den Konsens aller Teilnehmer voraus, die dann selbstverständlich auch selbst hochsprachlich-korrekt abgefasste englische Texte vorzulegen hätten.

Die insgesamt fünfseitigen Darlegungen ließen die Gegenseite völlig unbeeindruckt. Meine angebotenen Alternativen wurden allesamt zurückgewiesen[28]:

> Sie bieten drei Handlungsweisen an. Keine davon ist angemessen. Die einzig angemessene Option bleibt, dass Sie in der Lehrveranstaltung erklären und uns zusichern, die Verwendung einer geschlechtergerechten Sprache in keiner Form nachteilig zu bewerten.

Die vollständige Unterwerfung („*revoco*!“ [„Ich widerrufe!“]) unter die meinem Wissen und Gewissen zuwiderlaufende Forderung konnte indes nicht erfolgen, wenn ich mir morgens im Spiegel noch

---

[28] Schreiben – per E-Mail an meine Privatadresse – vom 11.5.2021, 2. Seite (unpaginiert).

wollte in die Augen schauen können. Eine Erwiderung erübrigte sich.

Vielmehr erläuterte ich auch den Seminarteilnehmern meine Beweggründe mit bekannten Beispielsätzen und Deklinationshinweisen („der Mensch": Genus maskulin, „die Person": Genus feminin, „das Mädchen": Genus Neutrum) sowie dem Hinweis auf die vom Rat für deutsche Rechtschreibung formulierten Anforderungen an sogenannte „geschlechtergerechte Texte" [29]:

> Geschlechtergerechte Texte sollen
> - sachlich korrekt sein,
> - verständlich und lesbar sein,
> - vorlesbar sein (mit Blick auf die Altersentwicklung der Bevölkerung und die Tendenz in den Medien, Texte in vorlesbarer Form zur Verfügung zu stellen),
> - Rechtssicherheit und Eindeutigkeit gewährleisten,
> - übertragbar sein im Hinblick auf deutschsprachige Länder mit mehreren Amts- und Minderheitensprachen,
> - für die Lesenden bzw. Hörenden die Möglichkeit zur Konzentration auf die wesentlichen Sachverhalte und Kerninformationen sicherstellen.

Im Vertrauen auf die Freiheit der Lehre und meine Habilitation führte ich meine Veranstaltung wie geplant zu Ende. Für das folgende Wintersemester fragte der zuständige Mitarbeiter des Instituts in üblicher Weise freundlich und höflich an, ob ich wohl erneut bereit sei, eine Lehrveranstaltung zu übernehmen. Zu den gleichen finanziellen wie auch intellektuellen Bedingungen wie zuvor kündigte ich einen weiteren Kurs an.

---

[29] Schreiben des Verfassers an die registrierten Seminarteilnehmer vom 18.5.2021, S. 1-2, unter Hinweis auf die Beschlüsse des Rates für deutsche Rechtschreibung vom 16.11.2018 und 26.3.2021 sowie die dazu gegebenen Erläuterungen von Wilfried Kürschner: Was der Rechtschreibrat sagt, in: F.A.Z. Nr. 97 vom 27.4.2021, S. 6.

Die Gleichstellungsbeauftragte und der studentische Fachschaftsrat

Nun intervenierte jedoch der studentische Fachschaftsrat an der Philosophischen Fakultät I. Zugleich schalteten sich zwei Mitarbeiterinnen des „Gleichstellungsbüros" ein. In deren Schreiben hieß es[30]:

> Die Studierenden möchten wissen, ob es rechtlich korrekt ist, dass Sie auf StudIp schriftliche Arbeiten in gegenderter Schreibweise verbieten bzw. diese als unerwünscht deklarieren (so der Eindruck, den die Studierenden Ihrem Begleittext zur LV entnehmen).
> Uns ist bewusst, dass dieses Thema in der Gesellschaft zunehmend kontrovers diskutiert wird. Unabhängig davon hat sich die Universität Halle u.a. im Leitbild Gleichstellung dazu bekannt und verwendet in offiziellen Dokumenten gendersensible Formulierungen. Für die Fakultäten und die Lehre im Allgemeinen gibt es keine verbindlichen Festlegungen zu Art und Umfang der Verwendung gendergerechter Sprache. Das führt aktuell dazu, dass Studierende und Lehrende sehr unterschiedlich mit dieser Thematik umgehen.
> Vor dem Hintergrund der aktuellen Diskussionen zum Umgang mit gendergerechter Sprache plädieren wir als Gleichstellungsbeauftragte dafür, die Verwendung der verschiedenen Formen geschlechtsspezifischer Sprache zu tolerieren bzw. zu akzeptieren und bei der Bewertung der Arbeit ausschließlich auf die fachwissenschaftlichen Inhalte zu rekurrieren.
> Wenn Sie dazu noch Fragen haben, sind wir gern bereit, Ihnen für ein persönliches Gespräch zur Verfügung zu stehen.

Ebensowenig wie die Psychologinnen an der Medizinischen Fakultät und die – nicht bei mir studierenden! – Mitglieder des studentischen Fachschaftsrates verfügten die beiden Damen aus dem Gleichstellungsbüro über eine politik- oder sprachwissenschaftliche Lehrbefugnis. Gleichwohl beantwortete ich beide Schreiben

---

[30] E-Mail an meine Privatadresse vom 1.11.2021.

ausführlich argumentativ und mit Literaturhinweisen. Den Mitarbeiterinnen des Gleichstellungsbüros hielt ich formal den Charakter meiner Seminare als Wahlpflichtveranstaltungen sowie die verfassungsrechtlich verbürgte Freiheit der Lehre entgegen[31]:

> Die Abhaltung von Lehrveranstaltungen steht ... unter dem Schutz des Artikels 5 Absatz 3 des Grundgesetzes:
> „Kunst und Wissenschaft, Forschung und Lehre sind frei. Die Freiheit der Lehre entbindet nicht von der Treue zur Verfassung".
> Angesichts dieser sehr klaren Bestimmung in unserer Fundamentalnorm kann nach meinem Verständnis Ihre Antwort auf irgendwelche Anfragen aus der Studentenschaft doch wohl nur gelautet haben: „Sprechen Sie Herrn Professor Plöhn auf seine Position an, denn weder bin ich noch ist eine andere universitäre Stelle eine vorgesetzte Instanz der Dozenten in Fragen der akademischen Lehre".
> Dies zu vermitteln, wäre im vorliegenden Falle wohl die erste Ihnen verfassungsgemäß obliegende Verpflichtung.
> Wenn ich Ihnen dennoch eine inhaltliche Begründung für meine Auffassung gebe, so geschieht dies also als persönliches Entgegenkommen auf rein freiwilliger Basis.

Neben anderen Argumenten verwendete ich den Hinweis[32]:

> Sofern „Interdisziplinarität" keine Worthülse, sondern reale wissenschaftliche Praxis sein soll, gilt es zu beachten, was die Fachleute auf ihren jeweiligen Wissensgebieten an Erkenntnissen formuliert haben – auch, wenn das den politischen Wünschen irgendwelcher Gruppierungen entgegenstehen mag.
> Aus politikwissenschaftlicher Perspektive liegt hierin ein Problem der Gewaltenteilung zwischen unterschiedlichen Kompetenzbereichen und Entscheidungsträgern. So wehrten sich Römer gegen politische Allmachtsansprüche mit dem Satz: *„Caesar non est supra grammaticos!"**

---

[31] Antwortschreiben des Verfassers vom 1.11.2021, S. 1.

[32] Ebd., S. 2. Lateinisches Zitat (*): *Cäsar steht nicht über den Grammatikern"*.

> Bis heute steht die Grammatik – jedenfalls in freiheitlichen Demokratien – nicht zur Disposition politischer Entscheidungsträger. Nur wenn sie neutral ist, behält sie ihre Offenheit für den Ausdruck aller Gedanken.

Die erforderliche Stringenz in Aufbau und glaubwürdiger Aktualisierung des Profils eines Wissenschaftlers erläuterte ich unter Bezugnahme auf ein gemeinsam mit Hans-Hermann Hartwich durchgeführtes Seminar „Universität und Region", in dem ich unter Zustimmung Hartwichs, eines damaligen Prorektors, ausgeführt hatte[33]:

> Wissenschaftler sind so etwas wie Kleinunternehmer. Sie bauen sich durch ihr Auftreten in ihrem Fach eine Art Marke auf, für die sie stehen. Daraus ergibt sich dann notwendigerweise nach der Rationalität der Konkurrenz auf einem offenen Markt – um Stellen, Forschungsaufträge, Vortragseinladungen, Studenten, Doktoranden etc. – eine Verpflichtung zu konzisem Handeln, damit man erkennbar bleibt.

Aufgrund der eigenen Vorträge und Publikationen zum Themenbereich „Sprache und Politik" [34] hob ich hervor[35]:

> - Sprache ist von politologischer Relevanz und Gegenstand politikwissenschaftlicher Analysen.
> - Sprache ist von ideologisch geprägten Regimen in manipulativer Weise zu nutzen versucht worden.
> - Nach dem Verständnis etlicher Vertreter des Faches bezieht sich das Eintreten für die freiheitlich-demokratische Ordnung der Bundesrepublik Deutschland auch darauf, sprachlichen Manipulationsversuchen entgegenzutreten.

Weiterhin erläuterte ich:

> Im Lateinunterricht lernt man mit besonderer Deutlichkeit zwischen Genus und Sexus zu unterscheiden.

---

[33] Ebd., S. 1.

[34] Siehe oben, S. 13, Fn. 8.

[35] Antwortschreiben vom 1.11.2021, S. 3.

> Auch die Römer hatten männliche Seeleute, Bauern, Dichter und Schreiber, obgleich sie diese mit Wörtern in femininem Genus bezeichnet haben (nauta, agricola, poeta, scriba). Eine solche Abstraktion begegnet einem auch im juristischen Denken. Man mag es bedauern, dass weder das Erlernen der lateinischen Sprache noch die Vermittlung elementarer juristischer Kenntnisse – wie etwa des Abstraktionsprinzips – zu den Voraussetzungen für sozialwissenschaftliche Studien gehören. Das macht aber die im Laufe der Zeit gewonnenen Erkenntnisse und eingeschliffenen Praktiken der deutschen Muttersprachler nicht „falsch".

Als sozialwissenschaftliche Pointe des Kongruenzprinzips konnte ich auf die Organisationssoziologie verweisen[36]:

> Die sozialwissenschaftliche Relevanz eines stringenten, durch den korrekten Umgang mit der eigenen Sprache geübten Denkens zeigt sich insoweit auch daran, dass das „Kongruenzprinzip" selbst Eingang in die soziologische Organisationslehre gefunden hat.

Nutzen konnte ich auch die Ausführungen des Münchner Sprachwissenschaftler Olav Hackstein, der in wünschenswerter Klarheit kurz zuvor den Bezug zwischen historischer Sprachentwicklung und der aktuellen Problematik willkürlicher Spracheingriffe auf den Punkt gebracht hatte[37]:

> Eine sich auf Missverständnissen der sprachlichen Verhältnisse gründende Grammatik- und Sprachkorrektur ist daher sachlich falsch und erweist sich als rein ideologisch motiviert. Ideologien, daran sei erinnert, beruhen auf theoretischen Ideen, die der Erreichung politischer Ziele dienen. Die Sprache als natürliches und historisch gewachsenes System, welches Elemente unterschiedlichen Alters miteinander verbindet, muss davon unberührt bleiben.

---

[36] Ebd., S. 4.

[37] Olav Hackstein: Grammatik im Fegefeuer, in: F.A.Z. Nr. 242 vom 18.10.2021, S. 6.

Ich fuhr fort:

> Der sexistischen Fehlinterpretation des generischen Maskulinums sind auch bereits zahlreiche weitere Autoren entgegengetreten. Wichtige Stimmen dazu hat die in Halle – an unserer Universität! – promovierte Sprachwissenschaftlerin Jessica Ammer zusammengetragen ... Hierauf darf ich mich beziehen[38].

Im Zusammenhang mit der erforderlichen Abgrenzung zwischen legitimem subjektiven Wollen und wissenschaftlicher Erkenntnis konnte ich auch Erkenntnisse aus einem laufenden eigenen Forschungsprojekt in meine Argumentation einfließen lassen[39]:

> Für die Wissenschaftlichkeit von Sätzen ist der kategoriale Unterschied zwischen wahrheitsfähigen – als korrekt oder inkorrekt beurteilbaren – deskriptiven Sätzen und Aussagen, die ein bestimmtes Wollen ausdrücken und eben wegen dieses ihnen innewohnenden Wollens nicht wahrheitsfähig, sondern subjektiv geprägt sind, von zentraler Relevanz.
> Evident wohnt den von Gendersprachlerinnen begangenen sehr bewussten Verletzungen des evolutionär entwickelten Konsenses zum Gebrauch der deutschen Sprache eine gezielte politische Provokation inne ...[40].

---

[38] Jessica Ammer (Hrsg.): Die deutsche Sprache und ihre Geschlechter. Beiträge von Josef Beyer, Peter Eisenberg und Helmut Glück. Eine Dokumentation, 2. Aufl. Paderborn 2020 (Schriften der Stiftung Deutsche Sprache Band 3). – Antwortschreiben vom 1.11.2021, S. 3 f.; Zitierweise angepaßt.

[39] Ebd., S. 4.

[40] Exemplarisch zu verdeutlichen an der Rede von Jutta Oesterle-Schwerin im Deutschen Bundestag, PlPr 11/37 vom 6.11.1987, S. 2504 f.; besonders scharf von dem aus Oelsnitz im Erzgebirge stammenden, feinfühligen Lyriker Reiner Kunze in der Passauer Neuen Presse angeprangert: „Sprachgenderismus ist eine aggressive Ideologie“, PNP vom 9.6. 2018, *https://www.pnp.de/nachrichten/kultur/Dichter-Reiner-Kunze-Sprachgenderismus-ist-eineaggressive-Ideologie-2971049.html*) – Zitierweise angepaßt.

> Außerhalb der Universität hat jeder Student (gleich, welchen natürlichen Geschlechts) das selbstverständliche, in Artikel 5 Absatz 1 Satz 1 des Grundgesetzes verbürgte Recht, sich für jedes ihm relevant erscheinende Thema gemäß seiner subjektiven Meinung mit Nachdruck einzusetzen. Dies ist aber ein – grundsätzlich legitimes – subjektives Wollen. Als solches ist es mit der Wissenschaftlichkeit von Aussagen nicht vereinbar. Denn diese sind nur dann und deshalb allgemein verbindlich, wenn und soweit sie willensunabhängig sind.

Aus der politologischen Forschungspraxis erläuterte ich[41]:

> Wissenschaftssprachlich benötige ich, um meine Gedanken ausdrücken zu können, Allgemeinbegriffe – nicht nur „der Mensch" und „die Person", wobei beide Begriffe alle Ausprägungen des Menschengeschlechts umfassen[42] ... Methodologisch ist die Frage der Abgrenzung von Begriffen – und damit die Frage der Inklusion oder Exklusion bestimmter Phänomene – für deren Prädikation von sehr erheblicher Bedeutung[43] ... Willkürliche Eingriffe in den mit einem Wort bezeichneten Bereich – etwa durch den Ausschluss von Frauen – haben daher substantielle Veränderungen wissenschaftlicher Aussagen zur Folge. Dies ist aus *wissenschaftsimmanenten, methodologischen Gründen* nicht hinnehmbar.
> Ein Gender-Sprecher kann im Gegensatz zu einem deutschen Muttersprachler folgende Gedanken nicht mehr ausdrücken:
> „Frauen sind die besseren Autofahrer".
> „Alle Menschen sind Ausländer – fast überall!"
> Dagegen wäre etwa die Aussage: „Die meisten Deutschlehrerinnen sind weiblich", nicht nur unsinnig, sondern wissenschaftlich betrachtet falsch, da alle Deutschlehrerinnen nach

---

41 Antwortschreiben vom 1.11.2021, S. 4-5.

42 Vgl. Peter Eisenbergs Ausführungen zu Allgemeinbegriffen in: Geschlechtergerechte Sprache: Linguist Peter Eisenberg: „Die Genderfraktion verachtet die deutsche Sprache", Interview mit Susanne Lenz, Berliner Zeitung v. 12.5.2021 - 06:26 Uhr. – Zitierweise angepaßt.

43 Hierzu Helmut Seiffert: Einführung in die Wissenschaftstheorie, Bd. 1, a.a.O., S. 28-104. – Zitierweise angepaßt.

> ihrem Sexus weiblich sind. Eine derartige Aussage könnte ich daher aus wissenschaftsimmanenten Gründen nicht als korrekt gelten lassen.
> Auch werde ich jedem entschieden entgegentreten, der einer Frau unter Hinweis auf Artikel 2 Absatz 2 Satz 1 GG – wegen einer sexistischen Fehlinterpretation des Wortes „jeder" – ihr Recht auf Leben und körperliche Unversehrtheit bestreiten wollte.

Auf die eigene Person bezogen fügte ich als gezielte Spitze an[44]:

> Wer entgegen den vom Rat der deutschen Rechtschreibung veröffentlichten Regeln Schreibungen wählt, bei denen die männlichen Bevölkerungsteile nicht mehr für erwähnenswert gehalten werden – was womöglich durch ein Stocken oder eine rülpserartige Unterbrechung ersetzt werden soll –, sondern für alle Zuhörer allein eine auf das weibliche natürliche Geschlecht Bezug nehmende Form verwendet, drückt mit diesem gezielten Verstoß gegen die reflektierte, jahrhundertelange Sprachpraxis seine bewusste Verachtung gegenüber dem männlichen Teil der Bevölkerung aus. Sofern der einzige Leser eines Seminarpapiers zu diesem Teil der Bevölkerung zählt, handelt es sich um einen gezielten Affront gegenüber dem eigenen Prüfer. Da auch dieser einen Anspruch auf Achtung seiner Menschenwürde hat, liegt ein solches Verhalten außerhalb des von Artikel 1 Absatz 1 des Grundgesetzes markierten Rahmens. Nach dem Satz 2 des erwähnten Artikels obliegt es daher gegebenenfalls auch Gleichstellungsbeauftragten, Betroffene vor derartigen Insultationen zu schützen.

Doch setzte ich den Schlußpunkt wieder wissenschafts- und gesellschaftsbezogen[45]:

> Falls einmal in einer meiner Lehrveranstaltungen ein Rechtsextremist sitzen sollte, der antisemitische oder ausländerfeindliche Äußerungen von sich gäbe, hielte ich es nicht für

---

44 Antwortschreiben vom 1.11.2021, S. 5.

45 Ebd., S. 6. – Bezifferung der Gliederungsabschnitte eliminiert.

ausreichend, wenn ich sagte: Der Student ist ordentlich immatrikuliert und angemeldet, also kann und darf er sich in meiner Veranstaltung äußern, wie er will! Nach meiner Auffassung träfe mich als verantwortlichem Leiter vielmehr auch die Verpflichtung, dafür zu sorgen, dass in meinem Seminar derartige Äußerungen nicht getätigt werden können, damit (a) keine Werbung für derartige Standpunkte unter den Seminarteilnehmern erfolgt und (b) jener Extremist nicht hinterher behaupten kann, bei mir studiert zu haben und mit seinen Ansichten unbeanstandet geblieben zu sein.

So plädiere ich abschließend mit Nachdruck

(1.) aus *qualitätsbezogenen wissenschaftsinternen* Gründen der notwendigerweise zu fordernden Neutralität wissenschaftlicher Sätze gegenüber gesellschaftsbezogenen Willensbekundungen,

(2.) aus Gründen der erforderlichen Respektierung der Würde von Frauen wie von Männern, die zu schützen auch mir aufgetragen ist,

(3.) aus *wissenschaftsimmanenten* Gründen hinsichtlich der Notwendigkeit von Abstrakta und deren Offenheit für das menschliche Denken wie auch

(4.) aus *wissenschaftsimmanenten* Gründen der zur Korrektheit wissenschaftlicher Aussagen notwendigen grammatischen Korrektheit von Sätzen,

(5.) aus Gründen des Wissenschaftstransfers in die Gesellschaft durch allgemeine Verständlichkeit der Sprache, wie sie *Martin Luther* und mein Doktorvater, *Winfried Steffani*, nachdrücklich verlangt haben, dafür, die von der Sprachgemeinschaft gebildeten und 2021 vom Rat für die deutsche Rechtschreibung nochmals festgestellten Regeln zu respektieren.

Sofern nun jemand meinen sollte, ich hätte die sozialen Auswirkungen der Sprache nicht im Blick, sei abschließend gesagt: Es besteht die Gefahr, dass sich unsere gemeinsame Sprache in gruppeninterne Idiome zerlegt und die einzelnen Teile der Gesellschaft einander nicht mehr als zusammengehörig anerkennen. Als Politikwissenschaftler ist mir der Zusammenhalt der Sprachgemeinschaft angesichts der zunehmenden Pluralisie-

> rung unserer Gesellschaft ein besonderes Anliegen. Hierzu erinnere ich an das sattsam bekannte Böckenförde-Diktum: „*Der freiheitliche, säkularisierte Staat lebt von Voraussetzungen, die er selbst nicht garantieren kann*" ...[46].
> Im Ergebnis verlange ich von den Teilnehmern des gegenwärtigen Seminars nichts anderes als von denjenigen aller meiner 185 bisherigen Lehrveranstaltungen: die Verwendung der den Sendern und Empfängern der Mitteilung gleichermaßen geläufigen Hochsprache.

Mit der in meinem Plädoyer zusammengefaßten Argumentation, so nahm ich an, hätte ich mich insgesamt hinreichend deutlich auf spezifisch wissenschaftliche Qualitätsstandards bezogen, um nicht den Verdacht zu erregen, eine eigene gesellschaftspolitische Agenda in die Universität hineintragen zu wollen.

Die Gleichstellungsbeauftragte, die zuvor ihre Gesprächsbereitschaft behauptet hatte, schwieg dazu.

Die Studentenvertretung an der Philosophischen Fakultät I schrieb ich am gleichen Tage mit einem weitgehend identischen, nur leicht adaptierten Text an. In deren Zuschrift vom 27. Oktober 2021 hatte es geheißen[47]:

> Im aktuellen Semester haben uns wiederholt Nachrichten erreicht, die ein faktisches "Gender-Verbot" in ihren Seminaren bzw. den dazugehörigen Vorgaben für die Hausarbeiten beschreiben. Gerne möchten wir deshalb als Fachschaftsrat im Interesse der Studierenden nachfragen, ob die beschriebenen Aussagen zutreffend sind. Unser Ziel ist es dabei natürlich, dass eine einvernehmliche Lösung gemeinsam mit den vielen Studierenden gefunden werden kann, für die das Gendern in Seminaren und Hausarbeiten wichtig ist. Ein faktisches "Gender-Verbot" lehnen wir dabei grundsätzlich ab.

---

[46] Ernst-Wolfgang Böckenförde: Die Entstehung des Staates als Vorgang der Säkularisation, in: ders.: Recht, Staat, Freiheit, Frankfurt a.M. 1991, S. 112 (92-114). – Zitierweise angepaßt.

[47] Fachschaft PhilFak1, E-Mail 27.10.21 15.13 Uhr.

Die apodiktische, evident außerwissenschaftliche Aussage im Schlußsatz der Anfrage nahm einer offenen wissenschaftsbezogenen Diskussion jeden Raum. So schrieb ich der Studentenvertretung zurück[48]:

> Liebe Kommilitoninnen und Kommilitonen,
> schönen Dank für Ihre Zuschrift vom 27.10.2021. Sie befremdet mich allerdings aus mehreren Gründen:
> - Erstens geben Sie ein klares Vor-Urteil ab.
> - Zweitens machen Sie sich zum Sprecher von Personen, die mit mir nicht gesprochen haben.

Unter Berufung auf das Grundgesetz betonte ich gegenüber der Fachschaft besonders das Recht der Studenten, eine freie Entscheidung zu treffen, und deutete auch eine eigene Option an:

> Bei meinen Lehrveranstaltungen handelt es sich um Wahlpflichtveranstaltungen.
> So stelle ich fest:
> Niemand ist verpflichtet, zu studieren.
> Niemand ist verpflichtet, in Halle zu studieren.
> Niemand ist verpflichtet, bei mir zu studieren.
> Vielmehr mache ich den Studenten[49] des Faches – gleich, welchen Geschlechts – ein Angebot, das sie annehmen oder ignorieren können. Weder bin ich verpflichtet zu lehren, noch ist irgendjemand verpflichtet, zu mir zu kommen. Dieser Hinweis dürfte ebenfalls zur Entspannung der Lage beitragen.

Diese Bemerkung zu den *beiderseits* bestehenden Handlungsalternativen ist anscheinend nicht beachtet, nachfolgend jedoch wesentlich geworden.

---

[48] Antwortschreiben an die Fachschaft per E-Mail vom 1.11. 2021.

[49] Zur korrekten sprachlichen Ableitung des substantivierten Partizips „Student“ und seiner daraus folgenden Geschlechtsneutralität siehe jüngst Olav Hackstein: Grammatik im Fegefeuer, in: F.A.Z. Nr. 242 vom 18.10.2021, S. 6. – Fn. im Original.

Die Studentenvertretung brauchte für die Formulierung ihrer gegenteiligen Ansicht zweieinhalb Monate. Dann bestritt sie mir meinen Anspruch auf das Grundrecht, frei zu lehren[50]:

> Wir glauben, dass ein zentrales Missverständnis darin besteht, dass Sie - soweit wir das wahrnehmen können - es für ihre Freiheit halten, dass Gendern de facto zu verbieten und dabei betonen, dass Studierende ja ein anderes Seminar wählen könnten.
> Genau das entspricht nicht der Realität der Hochschulen des 21. Jahrhunderts: Wer überhaupt ein passendes Seminar findet, kann sich glücklich schätzen. Der Normalfall sieht so aus, dass man aufgrund von Überschneidungen und anderen Verpflichtungen praktisch keine Wahlfreiheit hat und die Regelstudienzeit massiv überschreiten muss. Das liegt natürlich an der strukturellen Unterfinanzierung der MLU und am gegenwärtigen Hochschulsystem und nicht an ihnen - aber das ändert ja nichts am konkreten Problem.
> Die praktische Konsequenz ist aber, dass seit Jahren kein:e Student:in mehr "wirklich" freiwillig in Ihren Seminaren war. Sie nehmen also nicht zwangsläufig einen Bildungsauftrag unter Gleichgesinnten wahr, sondern erschweren einige Bildungskarrieren, in dem Sie auf Ihren – aus unserer Perspektive kleinlichen – Vorbehalten bestehen. Gendernde Personen müssen entweder gegen ihre Überzeugung, die selbst von der MLU in ihren Diversity-Leitbildern propagiert wird, handeln oder massive Verluste in Kauf nehmen. Dazu kommt, dass sie hier scheinbar damit kokettieren, Punkte nach Sympathie zu vergeben, was – und es ist schon absurd, das gegenüber von Hochschullehrer:innen überhaupt erwähnen zu müssen – natürlich extrem illegal ist und jede Form von Gleichberechtigung ad absurdum führt. Deshalb möchten wir Sie an der Stelle noch einmal bitten: Führen Sie ihren "Kreuzzug" lieber gegen den Duden – aber nicht gegen ihre Bachelor-Studierenden.

---

[50] Fachschaft PhilFak1 per E-Mail vom 18.1.2022.

Meine wissenschaftsspezifische Argumentation war entweder nicht verstanden oder aufgrund einer ideologischen Fixierung absichtsvoll ignoriert worden. Für die letztere Variante spricht sowohl die inhaltlich unpassende, gezielt provokante Einfügung eines gendersprachlichen Plurals, wo eine männliche Person gemeint war, als auch die Unterstellung eines „Kreuzzugs". Die seitens des Fakultätsrates angenommene Grundrechtsgeltung nach Haushaltslage dokumentiert sodann die verfassungsrechtliche Unbelecktheit der betreffenden Studenten.

Die Intervention des Prodekans

Ende Januar 2022 wurde auch noch der Prodekan für die Lehre an der Philosophischen Fakultät I aktiv, indem er die für meine Lehrveranstaltung gelisteten Studenten mit der Frage anschrieb[51],

> ob Herr Plöhn Konsequenzen angekündigt hat für den Fall, dass in einer Hausarbeit eine von ihm abgelehnte Sprachform verwendet wird, und welche Konsequenzen das ggf. sind; ob Sie Erfahrungen haben, wie Herr Plöhn reagiert, wenn mündlich eine von ihm abgelehnte Sprachform verwendet wird; und ob Sie ansonsten etwas zu dem Thema berichten wollen.

Hierüber wurde ich nicht von dem Prodekan, sondern von einer meiner Studentinnen in Kenntnis gesetzt. Sie kommentierte das Vorgehen des Prodekans mit den Worten[52]:

> Ich persönlich empfinde die Mail des Studiendekans als sehr provokativ. Für mich klang es fast so, als wolle er einem eine Beschuldigung entlocken.
> Dass dies nun auch noch hinter Ihrem Rücken passiert ist, macht es umso unverschämter. Entschuldigen Sie meine Wortwahl, mich verärgert dieser Vorfall und die damit einhergehende Offenlegung von ideologischen Ausrichtungen, die mei-

---

[51] E-Mail des Studiendekans der Philosophischen Fakultät I vom 25.1.2022, 12.50 Uhr, mitgeteilt von einer angeschriebenen Studentin am 31.1.2022 per E-Mail an den Verfasser.

[52] Schreiben einer Studentin per E-Mail vom 31.1.2022.

> ner Meinung nach keinen Platz an einer Universität haben sollten.

Die Abfuhr, die der Prodekan daraufhin von der Studentin erhielt, war ebenso höflich wie eindeutig (wenn auch mit gewissen sprachlichen Fehlern) formuliert[53]:

> die Hinweise von Herrn Plöhn beziehen sich meines Wissens nach [sic!] ausschließlich auf wissenschaftliche Arbeiten, in denen er eine angemessene Sprachwahl von seinen Studentinnen und Studenten erwartet. Soweit ich informiert bin, darf jeder Lehrende eigene Anforderungen an eine angemessene Sprachwahl für seine Veranstaltung und seine wissenschaftlichen Arbeiten festlegen.
> Diese angemessene Sprachwahl bezieht sich in Herrn Plöhns Fall auf die vom Duden anerkannten Sprachregelungen, zu denen das Gendersternchen tatsächlich nicht gehört. Seine Ausführungen dazu waren nach nachvollziehbar und die Orientierung für Sprachregelungen am aktuellem [sic!] Stand des Dudens empfinde ich als angemessen.

Eine offizielle Information über seine Aufforderung zur Denunziation erhielt ich seitens des Prodekans auch im Nachgang nicht.

Die Maßnahmen des Institutsdirektors

Nachdem ich bereits Anfang Dezember 2021 die gewohnte freundliche Anfrage des zuständigen Institutsmitarbeiters hinsichtlich meiner Lehre im Sommersemester mit der Ankündigung beantwortet hatte[54], ein Seminar über „Theorie und Praxis der Wirtschafts-

---

[53] E-Mail einer Studentin an den Studiendekan vom 31.01.22, 11.46 Uhr, mitgeteilt in ihrer E-Mail an den Verfasser vom 31.1.2022.

[54] Anfrage eines Mitarbeiters vom 2.12.2021, 14:03 Uhr; Antwort des Verfassers vom 8.12.2021, 12:39 Uhr. Der zuständige Mitarbeiter fragte mit den Worten an: „Auch wenn das Sommersemester 2022 noch in ‚weiter' Ferne liegt, müssen wir als Lehrbereich bereits mit den Vorbereitungen beginnen. Meine erste Frage lautet daher, ob Sie sich vorstellen könnten, auch im Sommersemester 2022 wieder ein Bachelor-Seminar im Auf-

politik in Deutschland und Europa seit dem Ende des Ersten Weltkriegs" anbieten zu wollen, wurde mir von dem Lehrstuhlvertreter auf der vakanten Professur für Regierungslehre und Policyforschung am 1. Februar 2022 mitgeteilt[55],

> wie Sie vermutlich wissen, sind aktuell die finanziellen Mittel der Universität und folglich auch des Instituts/Lehrbereichs äußerst beschränkt. Wir können Ihnen daher keine Lehraufträge mehr erteilen (auch nicht für das anstehende Sommersemester).

Dies blieb bis zu ihrer abrupten Wendung im März 2023[56] die offizielle Begründung der Martin-Luther-Universität. In der Tat waren die Mittelkürzungen und die daraufhin vorgeschlagenen Streichungen an der Martin-Luther-Universität bereits in den Medien diskutiert worden und wurden anschließend weiter thematisiert[57]. Die Verweigerung eines mit 1050 € honorierten Lehrauftrags zur Rettung der Universität traf mich daher nicht unvorbereitet. Bei meinem nächsten Anruf im Sekretariat erfuhr ich dann jedoch, daß die Streichung des Lehrauftrages am Institut mit dem Ende meiner dor-

---

baumodul Regierungslehre und Policyforschung zu übernehmen? Wir würden uns sehr darüber freuen".

55 E-Mail des Lehrstuhlvertreters vom 1.2.2022, 11:19 Uhr.

56 Neue Begründung im Schreiben des Petitionsausschusses an den Verfasser vom 29.3.2023, hierzu siehe unten die Darstellung des Petitionsverfahrens, S. 81.

57 Martin-Luther-Universität Halle-Wittenberg: Millionen-Defizit: Protest gegen Kürzungspläne an Uni Halle, (Magdeburger) Volksstimme vom 1.6.2021; Uni Halle - Sparen vor der Wahl, Deutschlandfunk Kultur am 2.6.2021; Protest gegen Sparpaket an Uni, SZ.de, 3.2.2022; Thomas Thiel: Verlegenheitslösung, F.A.Z. Nr. 38 vom 15.2.2022, S. 9; Haushaltsdefizit der Martin-Luther-Universität Halle. Quo vadis, MLU? FAZ.NET 21.3.2022; Finanzen - Halle (Saale): Kommt der „Kahlschlag"? Uni in Halle berät über Sparpaket, SZ online vom 6.4.2022, 6:10 Uhr; Uni Halle konkretisiert Sparpläne: Fächer sollen aussetzen, Zeit Online vom 13.4.2022; Michael Sommer: Die fetten Jahre sind vorbei, F.A.Z. Nr. 97 vom 27.4.2022, S. 12.

tigen Tätigkeit gleichgesetzt worden war. Diese Fehlinterpretation wollte ich mit folgendem Hinweis unverzüglich richtigstellen[58]:

> Da ich mich an der Martin-Luther-Universität habilitiert habe, habe ich dort auch das Recht zu lehren. Vom Wintersemester 2003 bis zum Sommersemester 2019 habe ich das ohnehin bereits unentgeltlich – auf eigene Kosten – getan.
> Fehlendes Geld bricht nicht Wort; ‚ultra posse nemo obligatur' ist nicht einschlägig. Daher werde ich eine Lehrveranstaltung zur Wirtschaftspolitik halten, wie ich das zugesagt habe. Nur wird meine Antwort auf irgendwelche Versuche, mir in meine wissenschaftlichen Standards hineinreden zu wollen, dann kürzer ausfallen können.

Vom Direktor des angeblich unter einem Mangel an finanziellen Mitteln leidenden Instituts erhielt ich darauf jedoch umgehend die Antwort[59]:

> „Sehr geehrter Herr Plön [sic!],
> wir haben entschieden, dass Sie keine Lehre mehr an der MLU anbieten können und das wurde Ihnen ja auch so mitgeteilt. Diese Institutsentscheidung wird auch vom Dekanat mitgetragen".

Die Schreibung meines Namens stellte nicht den einzigen Fehler in dieser Nachricht dar. Um dem Direktor einen möglichst gesichtswahrenden Ausweg aus der Sackgasse zu ermöglichen, in die er hineinlief, schrieb ich ihn am 27. Februar 2022 nochmals „kollegialiter" an, in der Hoffnung, daß sich damit die Angelegenheit erledigen lassen werde. Dabei erinnerte ich sowohl an die in der Mitteilung des Lehrstuhlvertreters enthaltene Begründung als auch an meinen rechtlichen Status an der Martin-Luther-Universität. Eingeflochten hatte ich einen Hinweis auf eine Rechtsberatung durch eine

---

[58] Meine Antwort-E-Mail vom 15.2.2022, 11:30 Uhr. Lateinisches Zitat: *Niemand ist verpflichtet, mehr zu leisten als ihm möglich ist.*

[59] E-Mail des Geschäftsführenden Direktors des Instituts für Politikwissenschaft vom 15.2.2022, 12:35 Uhr.

Juristin des Deutschen Hochschulverbandes, die der Auffassung war, rechtlich sei die Mitteilung als „nichtig" anzusehen, da sie nicht einmal die Mindestanforderungen für einen so massiven Grundrechtseingriff erfülle. Ich fuhr fort[60]:

> Zwischen 2002 und 2019 habe ich meine gesetzliche Verpflichtung zur Titellehre auf eigene Kosten erfüllt. Erst mit Vollendung meines 62. Lebensjahres habe ich wegen der in § 48 Abs. 3 Satz 4 HSG LSA genannten Altersgrenze darum gebeten, im Falle fortdauernden Interesses des Instituts für Politikwissenschaft an meiner Lehrtätigkeit hierfür einen bezahlten Lehrauftrag zu erhalten.
> Bislang war ein solches Interesse vorhanden. Die danach erhaltenen Lehraufträge waren jedoch nie konstitutiv für meine Berechtigung, an der Martin-Luther-Universität akademische Lehre anzubieten.
> *Meine Lehrtätigkeit fußt vielmehr auf der mir ohne Altersbegrenzung verliehenen Lehrbefugnis.*
> Artikel 5 Absatz 3 GG gibt mir danach das Recht zu freier Forschung und Lehre. Dieses ist im Landeshochschulgesetz von Sachsen-Anhalt lediglich näher ausgestaltet. Verfassungsrechtlich kennt Art. 5 Abs. 3 GG keinen Haushaltsvorbehalt.
> - Der Entzug der *venia legendi* per E-Mail eines Lehrstuhlvertreters ist an deutschen Universitäten nicht vorgesehen.
> - Die in dieser E-Mail angegebene Begründung bezieht sich lediglich auf weitere bezahlte Lehraufträge und rechtfertigt inhaltlich einen Entzug der Lehrbefugnis nicht ansatzweise.
> - Die Vorgehensweise entspricht nicht dem Verwaltungsverfahrensrecht. Ebenso wie die Verleihung der Lehrbefugnis und des Professorentitels ist auch eine etwaige Aberkennung der mit der Habilitation erlangten Rechte an ein strikt einzuhaltendes Verfahren gebunden, bei dem der Betroffene anzuhören ist und gegen dessen für diesen eventuell negati-

[60] Schreiben des Verfassers an den Geschäftsführenden Direktor des Instituts für Politikwissenschaft vom 27.2.2022 (gleichen Tags um 12:59 Uhr als E-Mail-Anhang übermittelt).

ven Ausgang mehrinstanzliche Klagemöglichkeiten gegeben sind.
- Das von Ihnen gewählte Personalpronomen „wir" bezeichnet im obigen Zitat kein Subjekt, dessen Zuständigkeit überprüft und gegen das irgendwelche Rechtsmittel eingelegt werden könnten.

> Demzufolge darf und werde ich mich weiterhin auf meine mir an der Martin-Luther-Universität verliehene Lehrbefugnis berufen und bitte Sie höflichst, diese zu respektieren.
> Überdies erscheint es aus ökonomischer Sicht geradezu widersinnig, im Falle eines finanziellen Engpasses von Institut und Universität ein kostenloses Lehrangebot zurückzuweisen, wie ich es zur Verfügung zu stellen bereit bin.

Auf diesen Versuch, das Problem geräuschlos aus der Welt zu schaffen, erhielt ich erneut eine ebenso schnelle wie schneidige Antwort[61]:

> Sehr geehrter Herr Plöhn,
> ich hatte Ihnen als GD den Willen des Instituts mitgeteilt, dass Sie keine Lehre mehr an der MLU machen. Gegen diese Mitteilung steht Ihnen natürlich jeder Rechtsweg frei, am besten wenden Sie sich dann diesbezüglich an den Dekan der Fakultät oder den Rektor der Universität.

Damit waren meine Versuche zu einer gütlichen Beilegung des Konflikts am Institut umgehend und schroff zurückgewiesen worden.

Das ursprüngliche Petitum, seine Ergänzung und die Modifikation der Maßnahmen des Institutsdirektors

Angesichts der Entwicklung in Halle hatte ich bereits unter dem Datum des 8. Februar eine Eingabe an den Petitionsausschuß des Landtags von Sachsen-Anhalt gerichtet. Nach dem damaligen Stand der Auseinandersetzung war es dabei um die Wissenschafts-

---

[61] E-Mail des Geschäftsführenden Direktors des Instituts für Politikwissenschaft vom 27.2.2022, 16:26 Uhr.

freiheit hinsichtlich der Verwendung einer wissenschaftsadäquaten Sprache und die verdeckte Überwachung meiner Tätigkeit durch den Prodekan gegangen.

Als Praktikant in der Hamburger Bürgerschaftskanzlei hatte ich dort das Petitionswesen kennengelernt und selbst etliche Petitionsbescheide formuliert. Nun wollte ich den Abgeordneten die Frage stellen, ob die Vorgänge an der Martin-Luther-Universität im Sinne dessen waren, was sie sich bei Verabschiedung und Novellierung des Landeshochschulgesetzes vorgestellt hatten.

In meiner Eingabe wies ich auf meine akademische Lehrtätigkeit im In- und Ausland seit 1985 hin, die bis 2020 sprachlich unbeanstandet geblieben war[62].

> Danach ist an der Martin-Luther-Universität versucht worden, mich dazu zu veranlassen, die von der allgemein gebräuchlichen, allgemein verständlichen, in Sachsen-Anhalt nachweislich seit dem 8. Jahrhundert gesprochenen und basisdemokratisch(!) insbesondere durch Frauen tradierten, von Generation zu Generation verändert weitergegebenen deutschen Muttersprache (!) abweichende, evident ideologisch geprägte ‚Gendersprache' in meinen Lehrveranstaltungen zu akzeptieren. Groteskerweise bin ich im Jahre der 500. Wiederkehr von Martin Luthers denkwürdigem Auftritt vor dem Reichstag zu Worms seitens des Dekans und des Prodekans für die Lehre dazu aufgefordert worden, wider besseres Wissen und Gewissen meine wissenschaftlichen Standards für die Verwendung der deutschen Sprache zu verraten und evident ideologisch geprägte Äußerungen von Seminarteilnehmern als wissenschaftlich korrekt zu bewerten. Das tue ich nicht, ‚*namque contra conscientiam suam agere necque salus necque tutus est*'*, wie der berühmteste, Maßstäbe setzende und namensgebende Professor dieser Universität in Worms so treffend festgestellt hat.

---

[62] Eingabe Registrier-Nr. 8-H/00004 – Verwendung der deutschen Sprache vom 8.2.2022. – Lateinisches Zitat (*): *Denn gegen sein Gewissen zu handeln, ist weder heilbringend noch sicher.*

> Meine Situation hat sich nun dadurch verschärft, daß der Prodekan für die Lehre ohne mein Wissen die für meine Lehrveranstaltungen registrierten Teilnehmer angeschrieben hat und von ihnen Berichte über meinen Sprachgebrauch in meinen laufenden Seminaren verlangt hat. Meine loyalen Studenten haben mir dies freundlicherweise hinterbracht.

Aus diesen Vorgängen, die noch vor dem Versuch lagen, mir trotz meiner Lehrbefugnis meine Lehrtätigkeit zu untersagen, leitete ich ab[63]:

> Da ich zur Leitung einer solchen Universität selbstverständlich kein Vertrauen mehr habe, wende ich mich an Sie mit folgenden Begehren:
> - Sichern Sie die Geltung des Artikels 5 Absatz 3 GG für die Durchführung von Lehrveranstaltungen an der Martin-Luther-Universität Halle gegen Beeinflussungsversuche seitens der Universitätsleitung, Universitätsverwaltung oder Fakultäten!
> - Sorgen Sie durch die Anordnung geeigneter dienstrechtlicher Maßnahmen für ein Ende der Bespitzelung von Dozenten!
> - Sichern Sie die Ideologiefreiheit der Wissenschaftssprache, damit diese als Instrument für den Austausch von Argumenten allgemein nutzbar bleibt!

Durch die Verschärfung der Lage sah ich mich noch im gleichen Monat genötigt, die Petition zu ergänzen. Am 28. Februar 2022 informierte ich den Petitionsausschuß dazu über den Schriftwechsel mit dem Geschäftsführenden Institutsdirektor[64]. Nun ging es über Sprachvorschriften und Überwachungen hinaus um die Einhaltung des Landesrechts zur Dauerhaftigkeit der Lehrbefugnis und die rechtlich eingeräumten Möglichkeiten zu ihrer Entziehung. Diese

---

[63] Ebd.

[64] Schriftwechsel mit dem Institutsdirektor übermittelt als Anlage zu dem Schreiben des Verfassers an den Petitionsausschuß vom 28.2.2022: Ergänzung zu meiner Eingabe: Verwendung der deutschen Sprache an der Martin-Luther-Universität Halle-Wittenberg.

ist institutionell durch die Beteiligung mehrerer Instanzen mit einem Entscheidungsrecht des Senats der Universität, prozedural durch Anhörungsrechte des Betroffenen und inhaltlichen Verweisungen der Habilitationsordnung auf das Beamtenrecht ausgesprochen kompliziert gestaltet[65], was im weiteren Verlauf Journalisten jedoch nicht daran gehindert hat, den erfolgten Entzug der Lehrbefugnis zu behaupten.

Real trat wenige Tage nach der Ergänzung meines Petitums insofern eine gewisse Veränderung der Lage in Halle ein, als der Institutsdirektor die eklatante Rechtswidrigkeit seiner gegen mich ergriffenen Maßnahme nach rechtlicher Beratung hatte einsehen und korrigieren müssen. Dies tat er jedoch, ohne von seinem Ziel abzulassen, mich von der akademischen Lehre am Institut für Politikwissenschaft auszuschließen. In einer erneuten E-Mail schrieb er nun[66]:

> Sie haben Recht: wir können Ihnen Ihr Recht auf Lehre nicht verwehren und ich muss insofern meine vorherigen Schreiben in dieser Sache korrigieren. Sehr wohl können wir aber als Institut die Rahmenbedingungen dafür festlegen, die ich Ihnen hiermit kurz mitteile:
> 1. Ihre Lehrveranstaltungen werden keine konkrete Modulanbindung haben, d.h. Sie sind in der Wahl des Angebotes frei, die Studierenden können ihrerseits die Leistungen aber in keinem Pflichtmodul anrechnen. Ich bitte Sie sicherzustellen, dass dies den Studierenden unmissverständlich bereits vor der Anmeldung zu der Lehrveranstaltung (auch bei STUDIP) mitgeteilt wird.
> 2. Das Institut kann keinerlei Ressourcen zur Unterstützung Ihrer Lehre zur Verfügung stellen, inkl. Kapazitäten des Sekre-

[65] §§ 12 und 17 Habilitationsordnung der Philosophischen Fakultäten an der Martin-Luther-Universität vom 9.2.2011 in Verbindung mit § 47 Abs. 11 HSG LSA.

[66] Geschäftsführender Direktor an den Verfasser: Re: Meine Lehre am Institut für Politikwissenschaft, E-Mail vom 3.3. 2022, 16:35 Uhr.

> tariat [sic!]. Das gilt auch für Raumbuchungen etc., um die Sie sich dann selber kümmern müssen. ...

Angesichts der zuvor jahrelang geräuschlos erhaltenen freundlichen Unterstützung durch das Sekretariat empfand ich persönlich die genannten Bedingungen als schikanös. Der nachfolgende Absatz ist indes nicht nur von mir als zynisch wahrgenommen worden:

> Ich weiß nicht, sehr geehrter Herr Plöhn, ob Sie unter diesen Voraussetzungen noch Freude an der Lehre haben werden, zumal Sie - aber da müssten Sie sich nochmal im Rektorat erkundigen - den Titel ja aus Altersgründen auch ohne Lehre weiterführen könnten. Gerne können wir auch mal telefonieren, und uns vielleicht kollegial zu diesen Fragen austauschen. Dies wäre mein Rat und mein Wunsch, bevor Sie diese Frage für sich beantworten.

Die erste Stellungnahme von Universität und Ministerium zu meiner Petition

Für die Universitätsleitung war die Angelegenheit durch ihre formaljuristische Korrektur erledigt. Der Petitionsausschuß leitete mir nahezu ein halbes Jahr später die ihm seitens des Ministeriums für Wissenschaft, Energie, Klimaschutz und Umwelt zugegangene erste Stellungnahme der Universität zu einer Kommentierung zu.

Nach einer – nicht unparteiischen – Darstellung des Geschehensablaufes wurde darin meine Interpretation der mir vom Dekanat nicht mitgeteilten, daher verdeckt erfolgten Überwachungsmaßnahme des Prodekans zurückgewiesen[67]:

> Die Aussage des Petenten in seiner Petition, dass der Prodekan Berichte über des Petenten Sprachgebrauch in den laufenden Seminaren verlangt habe, trifft nicht zu. Es ging vielmehr um seinen Umgang mit dem Sprachgebrauch des [sic!] Studieren-

---

[67] Ausschuss für Petitionen des Landtags von Sachsen-Anhalt: Schreiben an den Verfasser vom 23.8.2022 (6 Seiten), hier S. 2.

> den. Der Begriff der „Bespitzelung“ für diesen Sachverhalt kann nur als übertrieben bezeichnet werden.

Jedoch liegt in der Bezugnahme des Prodekans auf eine von mir abgelehnte Sprachform (s.o.) eine unmittelbare Anknüpfung an meinen Sprachgebrauch vor. Seine explizite Aufforderung mit Ausforschungscharakter („ob Sie ansonsten etwas zu dem Thema berichten wollen“) geht sogar weit über den reinen Sprachgebrauch hinaus. Insoweit war meine Formulierung zu eng[68]. Im übrigen kommt es bei der Übermittlung einer Botschaft auf das an, was ihr „Empfänger“ versteht, nicht darauf, was der „Sender“ hatte übermitteln wollen. *Mein* Eindruck war eindeutig.

Meine Empfehlung an Studenten, die statt der deutschen Hochsprache Gender-Sprache verwenden wollten, sich eine andere Veranstaltung zu suchen, sowie meine gelegentlichen Hinweise auf einzelne Verstöße gegen die Teilnahmebedingungen hätten aber ihre Wirkung getan: „Im Ergebnis werde in seinen Veranstaltungen ‚nicht mehr gegendert‘“. In der „rechtlichen Bewertung“ dieses Sachverhalts heißt es dann[69]:

> Entgegen der Annahme des Petenten gibt es keine einheitliche, allgemeinverbindliche „Wissenschaftssprache“. In der Wissenschaft werden verschiedene Sprachen und Sprachformen verwendet, die sich an den Gegenständen, Methoden und Traditionen der einzelnen Disziplinen orientieren. Soweit es um gendersensible Sprachformen geht, wird sich zeigen, ob sich bestimmte Varianten in den Wissenschaften durchsetzen. ... Die Martin-Luther-Universität Halle-Wittenberg gibt dazu Empfehlungen, macht aber keine Vorschriften, welche Sprachformen in der Lehre verwendet werden dürfen und welche nicht. In den maßgeblichen Prüfungsordnungen der Martin-Luther-Universität Halle-Wittenberg ist die Verwendung einer

[68] Insoweit erweiternd klargestellt im Schreiben des Verfassers an den Petitionsausschuß vom 9.2.2023, S. 3.

[69] Schreiben des Petitionsausschusses an den Verfasser vom 23.8.2022, S. 3.

> gendersensiblen Sprachform weder vorgeschrieben noch verboten.

Angesichts meiner bereits im Vorjahr beispielhaft gegebenen Hinweise auf die sprachlichen Eigenheiten von Juristen und anderen[70] beginnt diese Passage bereits mit einer evident unzutreffenden Unterstellung. Hinsichtlich der nachfolgenden Sätze erhebt sich die Frage, wie bei völliger Unverbindlichkeit der Empfehlungen und grundgesetzlich garantierter Freiheit der Lehre eine Abweichung von Unverbindlichem zur Grundlage für eine massive Verhaltenssanktionierung genommen werden kann.

Die universitäre Stellungnahme geht sodann auf das Prüfungsrecht ein, wofür sie Bezug nimmt auf eine Entscheidung des Bundesverwaltungsgerichts, die eine Reihe von Bewertungskriterien ausdrücklich zuläßt[71].

> Dieser prüfungsspezifische Beurteilungsspielraum ist aber kein rechtsfreier Raum, sondern es gelten rechtsstaatliche Grundanforderungen, insbesondere das Verbot sachfremder Erwägungen. Sachfremde Erwägungen sind solche, die in keinem inhaltlichen Zusammenhang mit dem Sinn und Zweck der Leistungskontrolle in der betreffenden Prüfung stehen und daher gleichermaßen willkürlich sind (...). Die Martin-Luther-Universität Halle-Wittenberg geht davon aus, dass im vorliegenden Fall die Nichtverwendung gendergerechter Sprache für die zu erbringende Leistung keine Bedeutung hat.

Unter Verdrehung des Streitgegenstands geht die Universität ohne jede eigene Sachkenntnis oder eingeholte Expertise für die Politikwissenschaft von der Irrelevanz des sprachlichen Ausdrucks aus! Folglich lag ein völliges Unverständnis für die Gender-Sprach-Problematik in der akademischen Lehre vor. Dabei war bereits zuvor in einer universitätsbezogenen Fachzeitschrift ein Beitrag zur Übergriffigkeit der wissenschaftsfremden Gendersprache an deut-

---

[70] S.o., S. 24, mein Schreiben an das Dekanat vom 6.5.2021.

[71] Ausschuss für Petitionen, Schreiben an den Verfasser vom 23.8.2022, S. 3.

schen Universitäten erschienen, in dem die Berücksichtigung der „Expertise der einschlägigen Fachwissenschaften" ausdrücklich angemahnt worden war[72].

Die Universität setzt ihre Argumentation hingegen fort mit einem weiteren Angriff auf meine Argumentation:

> Darüber hinaus liegt in der Verwendung gendergerechter Sprache auch nicht, wie vom Petenten vorausgesetzt, ein Verstoß gegen Rechtschreibregeln vor. Der Rat für deutsche Rechtschreibung (RDR) betrachtet das Thema geschlechtergerechte Schreibung ersichtlich losgelöst von der Rechtschreibung, s. PM vom 26. März 2021. Es handele sich um eine ‚gesellschaftliche und gesellschaftspolitische Aufgabe, die nicht allein mit orthografischen Regeln und Änderungen der Rechtschreibung gelöst werden' könne.

In einer kaum anders als vorsätzlich irreführend zu bezeichnenden willkürlichen Interpretation der zitierten Passage, nach der das Problem einer faktischen Gleichstellung der Geschlechter über die Fragen der Rechtschreibung hinausreiche, folgert die Universitätsverwaltung also, Gender-Sprache habe mit der Rechtschreibung nichts zu tun – erneut eine Verdrehung des Inhalts. Weiterhin wird „Gerechtigkeit" einmal mehr in einer spezifischen, subjektiven Interpretation mit Sprache in Beziehung gesetzt.

Doch ist der seitens der Universität aufgegriffene Passus von der „gesellschaftliche[n] und gesellschaftspolitische[n] Aufgabe" gerade ein *explizites Eingeständnis,* daß es eben *nicht um politologische Erkenntnisse, sondern* um den Ausdruck *subjektiver politischer Präferenzen* geht. Dann aber stellt sich die hieraus abzuleitende Konsequenz geradezu *gegenteilig* zu der seitens der Universitätsverwaltung gezogenen dar: Wenn die Universität in Übereinstimmung mit

---

72 Helmut Glück: Wissenschaftsfremder Übergriff auf die deutsche Sprache, in: Forschung und Lehre, 27. Jg. (2020) H. 12, S. 994-995; Pro- und Contrapositionen hierzu: Stefan Heitmann: Gendergerecht; Jürgen Läuter: Ausdrucksfähigkeit, beide in: Forschung und Lehre, 28. Jg. (2021) H. 1, S. 40-41.

dem Rat für deutsche Rechtschreibung erklärt, die deutschen Hochschulen und Dozenten seien verpflichtet, „die Freiheit des Studiums nicht nur bei der Wahl von Lehrveranstaltungen, sondern auch bei der Erarbeitung und Äußerung wissenschaftlicher Meinungen der Studierenden zu beachten und zu schützen“[73], erfordert diese Verpflichtung gerade das *Absehen von evident wissenschaftsfremden politischen Inhalten,* wie sie durch die Verwendung von Gender-Sprache ausgedrückt werden sollen.

Im Unterschied zu dieser uneinsichtig-rabulistischen Argumentation zur Problematik eines wissenschaftsadäquaten Sprachgebrauchs stellte die Universität zur Frage meines Status' fest, meine Rechtsauffassung hinsichtlich meiner Lehrbefugnis an der Martin-Luther-Universität sei auch aus deren Sicht zutreffend. „Bedauerlicherweise“ sei mein – real mehrfach gegebener und für jeden Kundigen ohnehin nicht erforderlicher – entsprechender Hinweis auf mein Recht zu lehren „zunächst nicht richtig bewertet“ worden. In der Tat ergebe sich die Befugnis zur Abhaltung von Lehrveranstaltungen unabhängig von der Erteilung eines Lehrauftrags aus dem Status eines außerplanmäßigen Professors[74].

> Gemäß § 48 Abs. 1 ist ein Privatdozent ... zur selbständigen Lehre berechtigt. Mit Vollendung des 62. Lebensjahres endet lediglich die Verpflichtung zur Titellehre, aber nicht das Recht, freiwillig Lehrveranstaltungen anzubieten. Nach universitätsinterner Klärung der Rechtslage teilte daher der Geschäftsführende Direktor des Instituts dem Petenten am 3. März 2022 per E-Mail mit, dass seine Rechtsauffassung insoweit korrekt sei und er auf dieser Grundlage weiter Lehrveranstaltungen im Institut anbieten könne.

Die Lehrbefugnis sei mir niemals entzogen worden.

---

[73] Ausschuss für Petitionen, Schreiben an den Verfasser vom 23.8.2022, S. 4.

[74] Ebd., S. 5.

> Gründe für eine Untersagung der Lehrtätigkeit nach § 48 Abs. 1 S. 3 oder einen Widerruf der Lehrbefugnis nach § 48 Abs. 2 HSG wurden seitens der Universität an keiner Stelle geltend gemacht, von der Einleitung eines förmlichen Verfahrens mit diesem Ziel ganz zu schweigen. Es wurde lediglich ein rechtlicher Aspekt der Lehrbefugnis, nämlich deren Fortbestand auch nach dem Erreichen der Altersgrenze, verkannt. Dieser Fehler wurde nunmehr korrigiert und die Rechtslage klargestellt, so dass das Anliegen der Petition aus Sicht der Martin-Luther-Universität Halle-Wittenberg insoweit erledigt ist.

Obgleich ich das Ausmaß der Rufschädigung durch die ursprüngliche rechtswidrige Maßnahme des Geschäftsführenden Direktors, welches sich in nachfolgenden Veröffentlichungen zeigte, noch nicht abzusehen vermochte, konnte angesichts der Bedingungen, unter denen der Institutsdirektor, gezwungen, meine Lehre hinzunehmen, meinte, mich lehren lassen zu können, von einer Streitbeilegung aus meiner Sicht keine Rede sein. Denn wenn auch *de jure* meinerseits keinerlei Vergehen vorlag, aufgrund dessen mir die *venia legendi* hätte entzogen werden können, sollte das Ziel, mich – ungeachtet der mir offiziell gegebenen, rein finanziellen Begründung – wegen meiner Forderung nach einer wissenschaftsadäquaten, ideologiefreien Sprache *de facto* von der Lehre auszuschließen, aus Sicht der Universitätsleitung legitim sein und weiterverfolgt werden können. Dies wurde seitens des Ministeriums mit der abschließenden Bemerkung gebilligt[75]:

> Auch im Übrigen erscheint die Position der Martin-Luther-Universität Halle-Wittenberg vertretbar, die in ihrer Stellungnahme abschließend hervorhebt, dass das Rektorat im Sinne der vom Petenten nach seinen eigenen Worten angestrebten internen Verständigung selbstverständlich jederzeit zu einem Gespräch bereit ist, um gegebenenfalls noch offene Punkte einvernehmlich zu klären.

---

[75] Ebd., S. 5.

Eine Identifizierung mit der Vorgehensweise der Universität hat das Ministerium durch die Charakterisierung der Maßnahme als „vertretbar" offenbar bewußt vermieden. Doch war an eine einvernehmliche Klärung angesichts des fortgesetzt verfolgten Ziels meiner Eliminierung aus der Lehre nicht zu denken.

Meine erste Erwiderung

In meinem Kommentar vom 29. August 2022 widersprach ich der universitären Auffassung in einer Reihe von Punkten. Zunächst wies ich auf meine wissenschaftliche Grundposition hin[76]:

> Durch meine in der Ankündigung meiner Lehrveranstaltung gegebenen Hinweise auf die zur Bearbeitung der dort zu erwartenden Aufgaben erforderliche unideologische, rein sachbezogene Sprache habe ich alle Interessenten von vornherein darüber informiert, daß dieses Seminar für alle diejenigen ungeeignet ist, die neben wissenschaftlicher Darstellung und Analyse auch gesellschaftsverändernde Absichten in die Universität hineintragen wollen.
> Gesellschaftspolitik hat außerhalb der Universität ihren legitimen Platz; innerhalb universitärer Diskurse stört sie jedoch das *allein legitime Ziel der Erkenntnisgewinnung*. Deshalb ist die aktive Verfolgung spezifisch politischer Ziele zum Schutze der Institution ‚Universität' außerhalb der fachwissenschaftlichen Problemerörterungen zu halten.

Sodann warf ich die Frage auf,

> inwieweit die Aufforderungen des Dekanats der Philosophischen Fakultät I,
> (a) die Hinweise des Veranstalters aus der Ankündigung seiner Lehrveranstaltung im Intranet der Universität zu entfernen und
> (b) eine ideologisch geprägte Sprache wider besseres Wissen als wissenschaftsadäquat anerkennen zu müssen,

[76] Antwortschreiben des Verfassers vom 29.8.2022, S. 1.

mit der *Freiheit der akademischen Lehre nach Art. 5 Abs. 3 GG* in Einklang stehen.

Dazu fügte ich eine Liste von Publikationen ein, mit der ich die von mir vertretene Auffassung einer ideologischen – und damit außerwissenschaftlichen – Prägung der Gendersprache untermauerte[77]:

> *Jessica Ammer* (Hrsg.): Die deutsche Sprache und ihre Geschlechter. Eine Dokumentation, 2. Aufl. Paderborn 2020 (Schriften der Stiftung Deutsche Sprache, Band 3) [Die Herausgeberin ist Absolventin der Martin-Luther-Universität.]
> *Peter Eisenberg*: „Die Genderfraktion verachtet die deutsche Sprache", Interview mit Susanne Lenz, Berliner Zeitung vom 12.5.2021, 06:26 Uhr
> *Reiner Kunze*: Dichter Reiner Kunze: „Sprachgenderismus ist eine aggressive Ideologie" – Geschlechtergerechte Sprache (pnp.de)) 09.06.2018 | Stand 08.06.2018, 16:05 Uhr [Der in der DDR verfolgte Autor ist Lyriker aus Oelsnitz.]
> *Axel Bernd Kunze*: Warum „gendergerechte" Sprache gerade nicht gerecht ist. Impulsreferat, Mönchengladbach, 22. April 2022 *(https://bildung-und-ethik.com/2022/04/22/impulsreferat-warum-gendergerechte-sprache-gerade-nicht-gerecht-ist/)*
> *Jutta Oesterle-Schwerin* MdB [Debattenrede]: Deutscher Bundestag, Sten. Ber. 11/37 vom 6.11.1987, S. 2504 f. [Inhaltliche Bestätigung der Ansicht Reiner Kunzes bei konträrer Bewertung.]
> *Udo Schnelle:* Übergriffig und ideologisch aufgeladen, in: F.A.Z. Nr. 170 vom 26.7.2021, S. 5 [Der pensionierte Professor der Martin-Luther-Universität formuliert: *„Das Gendern ist nicht nur sprachlogisch schlichter Unsinn, sondern vor allem übergriffig und ideologisch aufgeladen"*.]

Ich folgerte aus der Aufstellung: „Danach handelt es sich nicht um die Privatmeinung eines einzelnen Professors". Nicht einmal an der Martin-Luther-Universität vertrat ich eine Einzelmeinung.

Angesichts der – aus meiner Sicht absurden – Argumentation der Universitätsverwaltung bezüglich der angeblich thematisch irrele-

[77] Ebd., S. 2.

vanten Rechtschreibung erinnerte ich an die seitens des Rates für deutsche Rechtschreibung im März 2021 erneut als „[o]rthografisch nicht normgerechte Wort- und Satzbildungen" bezeichneten, bewußten, mit einer inhaltlichen Botschaft aufgeladenen Regelverletzungen[78]:

> Orthografisch nicht normgerechte Kurzzeichen im Wortinneren;
> mehrgeschlechtliche Schreibungen mit Kurzzeichen im Wortinneren von Komposita;
> Verwendung von Geschlechtermarkierungen bei geschlechtsübergreifenden Bezeichnungen;
> Verkürzung männlicher Geschlechtsmarkierung, auch mit Doppelmarkierung femininer Formen;
> Doppelungen von Geschlechtsmarkierungen, auch Komposita und Fremdwörtern;
> Bildung inkorrekter männlicher oder weiblicher Formen mit Auswirkungen auf den grammatischen Kontext;
> Kurzform (Genderstern) als Platzhalter für ‚mehrgeschlechtliche Artikel' sowie
> missverständliche Markierungen und Formulierungen zur Bezeichnung von Inklusivität.

Die Beurteilung der fachlichen Angemessenheit einer Sprachpraxis müsse sodann durch Vertreter des betreffenden Faches und nicht durch für Lehrinhalte unzuständige und fachspezifisch nicht qualifizierte Personen erfolgen.

Der erneut seitens der Universität geäußerten Unterstellung einer bestimmten Benotung trat ich – wie bereits in meinem Schreiben vom 6. Mai 2021 an das Dekanat – wiederum entgegen.

Mit Bezug auf meine Lehrbefugnis und das Institut für Politikwissenschaft widersprach ich dem in der Antwort auf meine Eingabe hervorgerufenen Eindruck eines erheblichen Entgegenkommens und der dadurch erfolgten Erledigung meines Begehrens[79]:

---

[78] Ebd.

[79] Ebd., S. 3-4 (Schreibfehler korrigiert).

> Aufgrund meiner Hinweise auf die – ihm längst bekannte – Rechtslage hat der derzeitige Geschäftsführende Direktor sein Verhalten von einem flagranten Rechtsbruch auf ein von ihm anscheinend noch für gesetzeskonform gehaltenes „Mobbing“ umgestellt (...).
> Entgegen dem Eindruck, welchen die Landesregierung zu vermitteln versucht, handelt es sich *keineswegs um eine Aufhebung* des widerrechtlich gegen mich verhängten Lehrverbots, welches nur im Falle eines Entzugs meiner *venia legendi* möglich gewesen wäre, sondern um eine *Umstellung der lehrverhindernden Maßnahmen*. Seine Intentionen hat der Geschäftsführende Direktor dabei in seinen Schreiben vom 15.2.2022 und 27.2.2022 unmißverständlich mitgeteilt. Meinen Versuch, mit meinem Schreiben vom 27.2.2022 zu einer gütlichen Beilegung des Konfliktes zu gelangen, hat er damit ebenso *umgehend* wie *brüsk* und *rechtsverletzend* zurückgewiesen (...).
> Bei seinem *nur scheinbaren* Einlenken ist mir vom Geschäftsführenden Direktor nun *faktisch die studienrelevante Lehr- und Prüfungsbefugnis entzogen* worden. Denn ich soll keinerlei Kurse mehr halten dürfen, in denen die erbrachten Leistungen auf die Pflichtmodule der Teilnehmer angerechnet werden könnten.
> *Dies halte ich gleichfalls für einen Bruch der im Grundgesetz garantierten Freiheit der Lehre* sowie des dazu konkretisierend vom Landtag gesetzten Rechts. Es steht zugleich in evidentem Gegensatz zu der seitens der Landesregierung propagierten angeblichen Neutralität hinsichtlich der in Lehrveranstaltungen verwendeten Sprachformen (...).

Angesichts des Gesprächsangebots des Geschäftsführenden Direktors und der nicht mir, sondern dem Landtag gegenüber in der vorgelegten Stellungnahme erstmals behaupteten Gesprächsbereitschaft der Universitätsleitung schloß ich mit der Replik[80]:

> Das vom Direktor dazu angebotene „kollegiale“ Gespräch entbehrt nach dem dokumentierten Verhalten jeder Grundlage.

[80] Ebd., S. 4 (Hervorhebung durch Kursivdruck im Original).

> Die *Universitätsleitung* hat mir – entgegen ihrer Einlassung im Schlußsatz der Stellungnahme – *zu keiner Zeit ein Gespräch angeboten*, bei dem „gegebenenfalls noch offene Punkte" hätten erörtert werden können. Es geht auch, wie dargelegt, nicht um noch offen gebliebene technische Einzelheiten, sondern um die Respektierung der Rechte eines Hochschullehrers aus Art. 5 Abs. 3 GG und dem dazu vom Landtag gesetzten Landesrecht. *Angesichts der evident fortgesetzten gegen meine Person gerichteten Diskriminierung durch den Geschäftsführenden Direktor des Instituts für Politikwissenschaft ist der Bericht der Landesregierung an den Petitionsausschuß insoweit als irreführend zu bezeichnen.*

Die zweite Stellungnahme zur Petition

In ihrer erneut über das Wissenschaftsministerium an den Landtag gerichteten Erwiderung vertrat die Martin-Luther-Universität den Standpunkt, daß die mir als unverhandelbar präsentierte Forderung des Dekanats, die Ankündigung der meiner Veranstaltung zugrunde gelegten wissenschaftlichen Standards aus dem Intranet der Universität zu entfernen, „die Wissenschaftsfreiheit nicht berührt, geschweige denn verletzt"[81].

> Die Universität hindert den Petenten nicht daran, in seinen Lehrveranstaltungen jede beliebige von ihm für richtig gehaltene Position in Bezug auf das Thema ‚Gendersprache' zu vertreten. Dass die Repräsentanten der Fakultät, in der er lehrt, bei diesem Thema eine andere Haltung einnehmen als er, muss er als Bestandteil des gesellschaftlichen und wissenschaftlichen Diskurses dulden.

Bei völliger Entstellung des Sachverhaltes ist damit eine *administrative Zwangsmaßnahme* – das Verbot einer rechtzeitigen Bekanntgabe der eigenen wissenschaftlichen Standards – als Element des Austausches von *Argumenten* bezeichnet worden! Die Frage einer Um-

---

[81] Ausschuss für Petitionen des Landtags von Sachsen-Anhalt: Schreiben an den Verfasser vom 15.11.2022 (4 Seiten), hier S. 2.

setzung eigener Erkenntnisse in eigenverantwortlich durchzuführenden Lehrveranstaltungen wurde umgangen, das von mir thematisierte Eindringen von Ideologien in die Wissenschaft nicht angesprochen.

War damit der substantielle Gehalt des Konflikts völlig verkannt, so wurde er anschließend personenbezogen interpretiert[82]:

> Aus den Ausführungen des Petenten wird deutlich, dass die tatsächliche Verletzung nicht im rechtlich relevanten Schutzbereich der Wissenschaftsfreiheit zu verorten ist, sondern vielmehr auf der zwischenmenschlichen Ebene zwischen ihm und dem Geschäftsführenden Direktor des Instituts.

Ob mit der Unterstellung persönlich „beleidigten" Verhalten aufgrund einer subjektiv erfahrenen Kränkung eine weitere Demütigung des Verfassers beabsichtigt war, die diesen hätte veranlassen sollen, zur Wahrung seines Gesichtes auf weitere Schritte zu verzichten, oder ob die Zuflucht zu einer amateur-psychologischen Interpretation als Folge fehlender sachbezogener Argumente zu verstehen war, sei dahingestellt. Da der Geschäftsführende Direktor dem Verfasser nie persönlich begegnet war und wir auch nie etwas miteinander zu besprechen gehabt hatten, fehlten jedoch alle Voraussetzungen dafür, daß sich ein rein persönlicher Konflikt zwischen uns hätte aufbauen können.

Die Universität erklärte[83],

> dass der Petent – nunmehr unstreitig – nach wie vor berechtigt ist, an der MLU zu lehren. Selbstverständlich kann er hierfür auch weiterhin die lehrbezogene Infrastruktur der MLU nutzen, ... Lediglich in zwei Aspekten wurden durch die Entscheidung des Geschäftsführenden Direktors die Rahmenbedingungen für die Lehre des Petenten am Institut gegenüber der bisherigen Handhabung geändert:

[82] Ebd.

[83] Ebd.

a) Zum einen wurde dem Petenten mitgeteilt, dass er künftig keine personelle Unterstützung durch das Sekretariat des Instituts mehr erhalten werde. Diese Maßnahme ist vor dem Hintergrund der abstrakten Frage zu bewerten, welchen Umfang an personeller und sächlicher Unterstützung die Universität einem nebenberuflichen Hochschullehrer gewähren muss.

Damit war die Beschränkung meiner Möglichkeiten diminuiert und die routinemäßige, allen Dozenten gewährte Hilfestellung von den konkreten Kapazitäten des Sekretariats argumentativ abgelöst sowie auf eine abstrakt-rechtliche Ebene verlagert worden. So konnte die Verwaltung fortfahren:

> Was im Einzelfall erforderlich und angemessen ist, unterliegt der individuellen Absprache zwischen dem externen Lehrenden und dem betroffenen Institut. Einheitliche Vorgaben oder Regelungen gibt es weder innerhalb der Fakultät noch universitätsweit. Daher gibt es keinen generellen Anspruch auf die Nutzung der Sekretariatskapazität und aus einer in der Vergangenheit gewährten Unterstützung folgt kein Anspruch auf unveränderte künftige Unterstützung. Da der Petent derzeit der einzige nebenberufliche Hochschullehrer ist, der am Institut für Politikwissenschaft Titellehre erbringt, kann ein Anspruch auf einen bestimmten Umfang der Unterstützung im Übrigen auch nicht aus dem Gleichbehandlungsgrundsatz abgeleitet werden.

Ungeachtet der verfassungsrechtlich zu diskutierenden Anwendung des allgemeinen Gleichheitssatzes und des Rechtsstaatsprinzips als generelles Willkürverbot liegen hier bereits zwei eklatante hochschulrechtliche Fehler vor, die vom Justitiariat einer Universität kaum zufällig begangen worden sein können:

- Zum einen sind außerplanmäßige Professoren keine „externen Lehrenden", sondern „Angehörige" der Universität und der betreffenden Fakultät[84].
- Zum anderen habe ich zu jener Zeit keine „Titellehre" mehr erbracht; denn diese endet mit Vollendung des 62. Lebensjahres.

Im zweiten Punkt wurde sodann die Argumentation mit der Titellehre nach Gutdünken verwendet und wieder als nicht einschlägig bezeichnet:

> b) Dem Petenten wurde ferner mitgeteilt, dass seine Lehrveranstaltungen künftig keinem Pflichtmodul in den Studiengängen des Instituts zugeordnet werden. Hierin sieht er einen faktischen Entzug der Lehr- und Prüfungsbefugnis. Dem ist entgegenzuhalten, dass es für nebenberufliche Hochschullehrer keinen Anspruch auf Lehre im Pflichtbereich des Studienangebots gibt.

Das subjektive Interesse eines außerplanmäßigen Professors an einer studienrelevanten Lehre sei abzuwägen mit den Interessen der Studenten an einem geordneten Studium, das anzubieten die Universität verpflichtet sei[85].

> Die Fakultät und das Institut sind gehalten, die Lehrveranstaltungen in den Pflichtmodulen so zu organisieren, dass die nach den Modulbeschreibungen vorgesehenen Lehrveranstaltungen auch tatsächlich stattfinden. Daraus folgt, dass die Lehre im Pflichtbereich grundsätzlich durch fest angestelltes Lehrpersonal zu erbringen ist. Der Einsatz von nebenberuflichen Lehrenden ... ist ... stets mit einem erhöhten Risiko der Diskontinuität verbunden, weil die Verpflichtung

[84] § 58 Abs. 3 HSG LSA und § 13 Abs. 2 Satz 1 Habilitationsordnung i.V.m. § 18 Abs. 11 HSG LSA.

[85] Ausschuss für Petitionen des Landtags von Sachsen-Anhalt: Schreiben an den Verfasser vom 15.11.2022, S. 3.

> zu Titellehre, z. B. durch einen Ruf auf eine Professur an einer anderen Hochschule, jederzeit enden kann.

Während hier die – contrafaktische – Argumentation mit der Titellehre der Universitätsverwaltung taktisch günstig erschien, nahm sie der Verfasser des Elaborats noch im selben Absatz zurück, da er meinte, aus seiner Sicht

> erscheint es generell geboten, den Einsatz von nebenberuflichen Hochschullehrern in der Pflichtlehre spätestens dann auf den Prüfstand zu stellen, wenn die Verpflichtung zur Titellehre durch Vollendung des 62. Lebensjahres endet und die Erbringung der Lehre jederzeit einseitig beendet werden kann, wie es auch beim Petenten der Fall ist.

Diese offenkundig in sich unstimmige, gewundene Argumentation wurde abgeschlossen mit der gequälten Bemerkung[86]:

> Vor diesem Hintergrund ist die Entscheidung des Geschäftsführenden Direktors im vorliegenden Fall jedenfalls im Ergebnis nicht zu beanstanden.

Der Universität war weiterhin wichtig zu betonen, daß das Rektorat – anders als der Geschäftsführende Institutsdirektor – mir nie ein konkretes Gesprächsangebot gemacht habe, sondern lediglich seine Bereitschaft zu einem klärenden Gespräch zum Ausdruck gebracht habe – was jedoch, wie erwähnt, nur dem Landtag in Beantwortung der Petition kommuniziert worden war.

Die Vermutung, einen in seinem 65. Lebensjahr stehenden außerplanmäßigen Professor könnte plötzlich ein Ruf an eine andere Hochschule ereilen, erscheint ebenso absurd wie die Voraussetzung – Erbringung von Titellehre – falsch ist. Wegen meiner zwischen 2011 und 2021 gleichzeitig ausgeübten Professur an der Hamburger EBC-Hochschule hatte ich sogar über einen mir persönlich bekannten Landtagsabgeordneten eine Ergänzung des Landeshochschulgesetzes für derartige Fälle angeregt[87]. Und was Gesundheit und

---

[86] Ebd.

[87] Heute § 48 Abs. 2 Satz 2 HSG LSA.

Pflichtbewußtsein anbelangt, so habe ich in den zehn Jahren an der EBC-Hochschule genau zwei Tage krankheitsbedingt gefehlt. Folglich gehen die Ausführungen der Universitätsverwaltung an Person und Fall des Beschwerdeführers ebenso vorbei wie an den befristeten Beschäftigungsverhältnissen und Karriereambitionen der meisten in der Lehre – insbesondere in Bachelorstudiengängen – tätigen Wissenschaftler.

Aus Sicht der Universitätsleitung sollte mit der zweiten Stellungnahme zu meiner Petition als begründet gelten, daß man mir unter Berücksichtigung der Modularisierung der politikwissenschaftlichen Studiengänge sowohl die Lehre in allen für Studenten relevanten Kursen als auch mein universitäres Prüfungsrecht *de facto* entzogen hatte.

Meine zweite Erwiderung

Angesichts einer so offenkundig fadenscheinigen Bemäntelung einer Willkürentscheidung konnte auch dieses Papier nicht unbeantwortet bleiben. Gegenüber dem Petitionsausschuß kommentierte ich[88]:

> Bei der seitens der Landesregierung übermittelten Stellungnahme aus der Martin-Luther-Universität handelt es sich um ein Schriftstück, wie es für anwaltliche Rechtfertigungsschreiben in gerichtlichen Auseinandersetzungen typisch ist. Hingegen läßt es bedauerlicherweise kein Interesse an einer gütlichen, einvernehmlichen Beilegung des Streitgegenstandes erkennen.

Explizit wies ich auf die geltenden gesetzlichen Bestimmungen über den Zugang habilitierter Hochschulangehöriger zu den Einrichtungen für Forschung und Lehre hin, ebenso auf den Status von außerplanmäßigen Professoren in der Fakultät[89]:

---

[88] Stellungnahme zum zweiten Bericht der Landesregierung auf meine Eingabe, 20.11.2022 (6 Seiten), hier S. 1 (Schreibfehler korrigiert).

[89] Ebd, S. 1-2 (Fettung entfernt).

> Nach § 18 Abs. 10 Satz 4 HSG LSA wird mit der Habilitation die Lehrbefugnis zuerkannt. …
> In § 48 Abs. 1 HSG LSA (Privatdozenten, Privatdozentinnen, außerplanmäßige Professoren und außerplanmäßige Professorinnen) heißt es ausdrücklich:
> *Privatdozenten oder Privatdozentinnen haben die Befugnis zur selbstständigen Lehre für ein bestimmtes Fach an der Universität, an der sie habilitiert worden sind oder Juniorprofessoren beziehungsweise Juniorprofessorinnen waren. [2]Die Lehr- und Forschungseinrichtungen der Universität sind Privatdozenten und Privatdozentinnen nach Maßgabe der Verwaltungs- und Benutzungsordnungen zugänglich zu machen. [3]Die Tätigkeit von Privatdozenten und Privatdozentinnen kann nur versagt werden, wenn durch sie ein ordnungsgemäßer Lehr- und Forschungsbetrieb im Fachbereich erheblich erschwert würde.*
> In Satz 2 dieser Bestimmung hat der Landtag eine eindeutige *Verpflichtung der jeweiligen Universität auf die Ermöglichung von Forschung und Lehre Privatdozenten* – gleich, welchen Geschlechts – formuliert. Diese wird auch nicht durch die mit der Bezeichnung „außerplanmäßiger Professor“ gemäß § 48 Abs. 3 HSG LSA ausgedrückte Anerkennung der weiteren Leistungen in Forschung und Lehre hinfällig. Die Gründe für eine etwaige Versagung der Tätigkeit als Privatdozent/apl. Professor sind abschließend – bewußt eng begrenzt („*kann nur versagt werden*“, „*erheblich erschwert*“) – in Satz 3 festgelegt. Dem vom Landtag mit hinreichender Deutlichkeit zum Ausdruck gebrachten gesetzgeberischen Willen, die Teilnahme von Privatdozenten an der wissenschaftlichen Arbeit der Universität möglichst umfangreich zu ermöglichen, trägt die Stellungnahme der Universitätsverwaltung nicht ansatzweise Rechnung.

Angesichts der satzungsmäßigen Stellung als Fakultätsangehöriger sah ich die Bezeichnung „externer Lehrender“ von einer absichtlichen Diskriminierung geprägt. Diese zog, wie sich im Fortgang der Angelegenheit herausstellte, auch praktische Konsequenzen nach sich. Zunächst aber ging es mir um das anhaltende „Mobbing“ – so ein Schweizer Journalist[90].

Konkret handelte es um den Ausschluß von prüfungsrelevanter Lehre, da die *venia legendi* „neben der Lehr- auch die universitäre Prüfungsbefugnis“ umfaßt. Dazu protestierte ich gegen die Bezeichnung „Diskurs“ für die geforderte Unterwerfung[91].

> Wenn die Universität mir *verbietet*, Veranstaltungen anzubieten, in denen immatrikulierte Studenten beiderlei Geschlechts – alternativ zu anderen Kursen – studienrelevante Leistungen erbringen *können*, sofern sie selbst zu den von mir bekannt gemachten Bedingungen zu mir kommen *wollen*, liegt sehr wohl ein Eingriff in die Freiheit der Lehre vor, obgleich ein solcher von der Universitätsverwaltung bestritten wird.

Der angeblich nicht erkennbaren Verletzung des Gleichheitssatzes widersprach ich unter Hinweis auf das weiterreichende Rechtsstaatsgebot:

> Der Versuch, meinem Verlangen in anwaltlicher Manier ihre Berechtigung dadurch zu bestreiten, daß in extrem kleinzelliger Betrachtung eine Verletzung des Gleichheitssatzes mangels eines Parallelfalles bestritten wird (S. 2-3 des Schreibens vom 15.11. 2022), ist in seiner tendenziösen Einseitigkeit evident malevolent.
>
> Für eine Abwendung von einer etablierten, problemlos funktionierenden bisherigen Praxis müßte es auch dann legitime Gründe geben, wenn kein gesetzlich festgelegter Rechtsanspruch vorliegt. Alles andere wäre Herrschaft von *Willkür*, die im Widerspruch zum Rechtsstaatsgebot steht.

Auch auf die regelmäßige *Verpflichtung* von Privatdozenten zur Lehre gemäß der Habilitationsordnung, von der Ausnahmen nur

---

[90] Daniel Wahl (Frage an den Verfasser) in: Professor Jürgen Plöhn: «Der Staat hat sich nicht in die Sprache einzumischen», Der Nebelspalter vom 20. September 2022, 20:00 Uhr.

[91] Ebd, S. 2.

durch einen Beschluß des Fakultätsrates möglich sind[92], machte ich aufmerksam. Dementsprechend hatte ich zwischen 2002 und 2022 in Halle insgesamt 38 Lehrveranstaltungen angeboten,

> für die mir das Sekretariat in persönlich vertrauensvoller und völlig unproblematischer Zusammenarbeit Veranstaltungsräume besorgt sowie die entsprechenden Ankündigungen in das Intranet der Universität eingestellt hat. Diese routinemäßigen Vorgänge mit *minimaler Ressourcenbeanspruchung* sind evidenterweise ohne eine Störung des Lehrbetriebes möglich gewesen, wie sie nach dem in § 48 Absatz 1 Satz 3 HSG LSA niedergelegten Willen des Landtags Voraussetzung für eine Versagung der Lehre als Privatdozent wäre.

Ungeachtet des möglichen Vorwurfes professoraler Selbstgefälligkeit wies ich auf verschiedene Vergleichsansätze hin, da neben „synchronen" Vergleichen auch „diachrone" und andere komparatistische Varianten existieren[93], unter denen jedenfalls den beiden genannten über ihre empirische Bedeutung hinaus auch normative Relevanz zukommen kann. Im vorliegenden Fall zeigt ein diachroner Vergleich über den genannten Zeitraum: „Eine Verringerung der Sekretariatskapazität ist im genannten Zeitraum *nicht eingetreten*" [94].

Hinsichtlich des vermeintlichen Risikos der Instabilität meiner Lehre führte ich zum einen die befristet beschäftigten „Mittelbauer" an, zum anderen mein eigenes Verhalten vor und nach Vollendung des 62. Lebensjahres[95]:

> Da die sogenannte „Titellehre" eines Privatdozenten mit Vollendung jenes Lebensjahres endet, ist der seitens der Universi-

[92] § 13 Abs. 3 Habilitationsordnung der Philosophischen Fakultäten.

[93] Hierzu Jürgen Plöhn: Parlamentsvergleich auf subnationaler Ebene, in: Winfried Steffani/Uwe Thaysen (Hrsg.): Demokratie in Europa: Zur Rolle der Parlamente. Sonderband zum 25jährigen Bestehen der Zeitschrift für Parlamentsfragen, Opladen 1995, S. 386-403.

[94] Stellungnahme zum zweiten Bericht, S. 4.

[95] Ebd., S. 4.

tätsverwaltung vorgebrachte Hinweis auf diese in meinem Fall völlig irrelevant. Unter Berücksichtigung der Beurlaubungsregelung nach § 13 Absatz 4 der betreffenden Habilitationsordnung wäre ich bereits ab dem Wintersemester 2017/18 berechtigt gewesen, die Titellehre ruhen zu lassen. Ich habe sie gleichwohl – wie zuvor: auf eigene Kosten – bis 2019 weiterhin ausgeübt. Auf Wunsch des Instituts für Politikwissenschaft habe ich sodann meine Lehrtätigkeit mit einem Lehrauftrag fortgesetzt. Die Ausführungen der Universitätsverwaltung liegen insoweit folglich neben der Sache.

Aus meiner Sicht stellte auch mein Bemühen um eine Änderung des Landeshochschulgesetzes – der ersten Gesetzesänderung zu meinen Gunsten! – einen Ausdruck besonderer Verbundenheit mit dem Land und seiner ältesten Universität dar. Evident störend standen hingegen weiterhin die Widersprüche zwischen dem angeblich eigenverantwortlich durch den jeweiligen Dozenten bestimmbaren sprachlichen Standard seiner Lehrveranstaltung, der gleichwohl gegen mich verhängten Sanktion und der dafür geltend gemachten angeblichen Ursache im Raume[96]:

> Die einzige mir gegenüber explizit vorgebrachte Begründung für das – rechtswidrig – gegen mich verhängte Lehrverbot ist nach wie vor die Behauptung fehlender finanzieller Mittel des Instituts für Politikwissenschaft (E-Mail des Lehrstuhlvertreters vom 1.2.2022). Diesem Argument bin ich mit der Erklärung meiner *Bereitschaft zu unentgeltlicher Lehre* entgegengetreten, da ich bereits zuvor 16 Jahre nicht auf Kosten des Steuerzahlers von Sachsen-Anhalt, sondern *auf meine eigenen Kosten* gelehrt habe.

So spitzte ich einen schon anfangs dem Geschäftsführenden Direktor gegebenen Hinweis zu einer politisch-parlamentarischen Pointe zu[97]:

---

[96] Ebd., S. 5.

[97] Ebd., S. 5.

> Ich gehe davon aus, daß der Landtag ein besonderes Interesse daran hat, trotz knapper finanzieller Ressourcen ein möglichst breites Angebot an Lehrveranstaltungen an den Universitäten des Landes zu ermöglichen. Insoweit halte ich die insistierende, keine Einsicht und kein Entgegenkommen erkennen lassende Positionierung der Universitätsverwaltung für illoyal gegenüber dem Landtag. Dieser sollte m.E. seinerseits eine solche Haltung berücksichtigen, wenn die Martin-Luther-Universität wieder mit eigenen finanziellen Forderungen an das Parlament herantritt.

Das Fazit meiner Ausführungen zur zweiten Stellungnahme der Universitätsverwaltung lautete sodann[98]:

> Die an den Haaren herbeigezogene Begründung für einen Eingriff in eine zwei Jahrzehnte lang geübte Praxis dient offenkundig allein der Rechtfertigung eines ideologisch begründeten Grundrechtseingriffs. Bis Anfang 2021 sind die jetzt von der Gegenseite angeführten Argumente niemals zur Sprache gebracht, geschweige denn für durchschlagend gehalten worden. Mithin ist die Argumentation rechtlich fadenscheinig: „Man spürt die Absicht und ist verstimmt" (Goethe). Zugleich ist die Argumentation gegenüber mir als einem Universitätsangehörigen ebenso illoyal wie gegenüber dem Landtag als dem Hüter der allzeit knappen Haushaltsmittel des Landes.

Die publizistische Begleitung des Falles

Angesichts der Angriffe, denen ich mich für das Festhalten an der deutschen Hochsprache als Grundlage für eine nicht ideologisch beeinflußte wissenschaftliche Diskussion ausgesetzt sah, hatte ich bereits im Frühjahr 2022 Kontakt nicht nur zu befreundeten Juristen, sondern auch zum Verein Deutsche Sprache e.V. aufgenommen. Dieser stellte eine Verbindung zu einem Journalisten her, der

---

[98] Ebd., S. 5-6.

in der „Welt“ sowohl im Internet als auch in der Print-Ausgabe einen ersten Artikel zu meinem Fall veröffentlichte[99].

Parallel zu meinen Bemühungen um eine fachsprachlich wie hochschulrechtlich korrekte Behandlung der Angelegenheit entstand daraus eine öffentliche Diskussion. Die dort verwendeten Argumente vermochte ich nur zu beeinflussen, nicht aber zu kontrollieren. Ein Abgleiten in stark vergröbernde Aussagen suchte ich dadurch zu vermeiden, daß ich dem auflagenstärksten Boulevardblatt Deutschlands vorschlug, statt mit mir, einem vielleicht abgehoben wirkenden, im Rheinland ansässigen Wissenschaftler, ein Interview zu führen, einen in Halle lebenden ehemaligen Ministerpräsidenten Sachsen-Anhalts um seine Einschätzung zu bitten. Das funktionierte[100]. Die regionale Mitteldeutsche Zeitung zeigte sich ebenfalls sogleich interessiert und brachte einen ganzseitigen Artikel[101].

Der Bitte eines Schweizer Journalisten um ein Interview kam ich nach, da ich dort hinreichend differenziert argumentieren konnte[102]. Angesichts der konkreten Interviewbedingungen habe ich auch eine Anfrage der Jungen Freiheit akzeptiert[103]. Ebenso habe ich die als seriös geltenden, jedoch selbst Gender-Sprache verwendenden

---

[99] Constantin van Lijnden: Streit über Sprachvorgabe. Wenn ein Professor Studenten das Gendern verbietet, „Welt+“ am 15.9.2022, 10:40 Uhr; ders.: Das Gender-Verbot des Professors, Die Welt vom 16.9.2022, S. 5.

[100] Annett Conrad: Weil er kein Gendern wollte: Uni Halle stellt Professor kalt, Bild vom 23.9.2022, S. 9.

[101] Matthias Müller: „Rülpserartige Pause“. Ein Professor droht seinen Studenten für Gendersprache mit Konsequenzen und bringt sogar Martin Luther ins Spiel, Mitteldeutsche Zeitung vom 20.9.2022; ders.: Kommentar: Würde Luther heute gendern? MZ.de 20.9.2022, 18:39 Uhr.

[102] Daniel Wahl: Professor Jürgen Plöhn: „Der Staat hat sich nicht in die Sprache einzumischen“, a.a.O.

[103] Moritz Schwarz: „Sexualisierung unserer Sprache“, in: Junge Freiheit Nr. 41/22 vom 7.10.2022, S. 3.

öffentlich-rechtlichen Rundfunkanstalten MDR und DLF bedient, obgleich mir deren Ablehnung meiner Position bekannt war[104].

Bezüglich des Mitteldeutschen Rundfunks habe ich diese Gesprächsbereitschaft angesichts seiner hämisch gefärbten Darstellung im Internet später allerdings bereut. Denn der verantwortliche Redakteur übernahm die Darstellung der Universitätsleitung, nach der mir klargemacht worden sei, „dass eine Diskriminierung von Studierenden nicht toleriert werden könne. Bewirkt habe das nichts“. Der Professor „habe sich zu keinem Zeitpunkt um ein klärendes Gespräch bemüht, erklärt die Uni weiter“.

Ungeachtet meiner umfangreichen schriftlichen Darlegungen gegenüber dem Dekanat wie auch der Gleichstellungsbeauftragten wurde ich damit in dem Beitrag als ein lernunwilliger Sturkopf präsentiert, der sich in dialog-verweigernder Haltung gegen eine Leitlinie der Universität eingeigelt haben soll und seine eigenen Studenten in rechtswidriger Weise diskriminiert. Tatsächlich hatte die Gleichstellungsbeauftragte - wie dargestellt –, darauf verzichtet, ihre zuvor signalisierte Gesprächsbereitschaft zu konkretisieren.

Daß ich keine einzige Studentin tatsächlich „diskriminiert“ [105], sondern nur überzeugten Gendersprechern nahegelegt habe, sich bei Nichtakzeptanz meiner Regeln andere Veranstaltungen zu suchen, wurde ebenso unterschlagen wie der Umstand, daß grammatische Fehler in wissenschaftssprachlichen Texten inakzeptabel sind. Angesichts der gendersprachlichen Versuche, mehrgeschlechtliche Begriffe zu kreieren, sind aber die erforderlichen Kongruenzen zwischen Substantiven, Artikeln und Pronomina nicht mehr korrekt herstellbar. Die professorale Aufgabe, die Studenten-

---

[104] Till Ganswindt: Gendersternchen. Streit ums Gendern. Professor in Halle fordert „Hochdeutsch“ ein, MDR.de, 20.9. 2022, 6:55 Uhr; Niklas Ottersbach: Streit an der Uni Halle: Professor verbietet in seinen Seminaren das Gendern, DLF 29.9.2022, 14:42 Uhr.

[105] Siehe hierzu unten, S. 95, die Wiedergabe der Einlassung des Kanzlers der Martin-Luther-Universität vor dem Petitionsausschuß des Landtags von Sachsen-Anhalt in der zweiten Antragsberatung vom 22.6.2023.

schaft in wissenschaftsadäquate Ausdrucksweisen einzuführen, hielt Till Ganswindt indes ebensowenig für erwähnenswert wie die grundgesetzlich garantierte Freiheit der Lehre.

Er schloß seinen Text in Anknüpfung an mein Bestreben, die Vermittlung politologischer Erkenntnisse in meinen Lehrveranstaltungen von Ideologien jeglicher Art freizuhalten, mit der zynisch-maliziösen Bemerkung, insoweit könne ich angesichts der Unterbrechung meiner Lehrtätigkeit unbesorgt sein, womit er sogleich die Prognose verband[106]:

> Und dabei bleibt es wohl auch. Als Reaktion auf seine Bewertungspraxis hat die Uni beschlossen, Plöhns Lehrveranstaltungen keinen Wahlpflichtmodulen mehr zuzurechnen – so können Studierende dort keine Prüfungsleistungen mehr erbringen. Aus Sicht der Uni wären sie rechtlich anfechtbar. In den Prüfungsordnungen werde die gendersensible Sprachform nämlich nicht verboten. Darauf basierende negative Bewertungen beruhten also auf sachfremden Erwägungen, die den Spielraum des Prüfers überschreiten.

Daß damit bis zur rechtlich einwandfreien Bereinigung der Lage das Lehrangebot für teilnahmewillige Studenten beiderlei Geschlechts verkürzt, meine Lehrbefugnis ignoriert und die fachspezifische Wissenschaftssprache fachfremden Personen anheimgestellt worden war, fand keine Berücksichtigung. Nach dem Zitat soll vielmehr wohl die Verwendung einer wissenschaftsadäquaten Sprache an einer Universität sachfremd sein – eine zumindest unplausible Auffassung. Ganswindt und sein Sender hielten es später auch nicht für nötig, die negative Prognose zu korrigieren, als deren Unhaltbarkeit evident geworden war. Um eine oben zitierte Formulierung aufzugreifen: Ganswindt hat „sich zu keinem Zeitpunkt um ein klärendes Gespräch bemüht".

---

106 Till Ganswindt: Gendersternchen, a.a.O.

Andere Medien nahmen ihnen zugängliche Informationen auf und verbreiteten sie mit eigener Akzentuierung weiter[107]. Zugleich entwickelte sich eine lebhafte Publikumsdebatte, insbesondere in der Universitätsstadt Halle, aus der ich mehrere Vortragseinladungen erhielt[108]. Darüber hinaus gingen sowohl bei mir als auch an der Universität per Brief, E-Mail und Telefonanruf zahlreiche Meinungsbekundungen ein. Im Unterschied zu den Färbungen der journalistischen Darstellungen und Kommentare bekundeten Menschen, die sich bei mir meldeten, ausnahmslos Verständnis und Sympathie für meine Haltung. Darunter befanden sich Studenten, Nachwuchswissenschaftler, Kollegen anderer Fächer und auch Sprachwissenschaftler. Die Tendenz in der medialen Berichterstattung scheint auf ihre Haltung zu der in Rede stehenden Problematik keinen nennenswerten Einfluß gehabt zu haben.

Die Bonner Linguistin Jessica Ammer freute sich, daß es an der Universität, an der sie promoviert worden war, „noch selbstdenkende Wissenschaftler" gebe[109]. Der Leipziger Sprachwissenschaftler Sebastian Seyferth reagierte auf Medienberichte über meine

---

[107] René Allik: An einer deutschen Universität entbrannte ein Konflikt um die Verwendung ideologisierter geschlechtsneutraler Sprache in der Forschung, Lens (objektiiv.ee), 16.9.2022; Verein Deutsche Sprache e.V.: Kein Gendern – Uni will Professor Lehre verweigern, Infobrief vom 17.9.2022; Anika Zuschke: Professor verbietet Studierenden das Gendern – und verlangt „Hochdeutsch", FR.de 21.09.2022, 16:57 Uhr; Reinhard Werner: „Rülpserartige Unterbrechung": Professor aus Halle sagt Gendersprache den Kampf an, The Epoch Times 23.9.2022, 14:17 Uhr; „Rülpserartige Unterbrechung": Professor aus Halle sagt Gender-Irrsinn den Kampf an, Deutschland-Kurier, 26.9.2022; Professor: Luther als Vorbild nehmen, IDEA 39/2022 vom 28.9.2022, S. 30; Aktuelles von MANNdat: Niemand wird zum Gendern gezwungen, 1.10.2022.

[108] 29 Beiträge unter der Überschrift: An der Uni Halle ist zu gendern! Basta!, auf: HalleSpektrum.de – Onlinemagazin aus Halle (Saale).

[109] Jessica Ammer: E-Mail an den Verfasser vom 16.9.2022.

Auseinandersetzungen an der Nachbaruniversität mit der Bemerkung[110]:

> Sprachwissenschaftlich nüchtern ist die sog. Geschlechtergerechte Sprache eine unautorisierte, uneinheitliche Minderheitenorthographie[111], die zudem ideologisch motiviert ist und von falschen linguistischen Prämissen ausgeht.

Ein hallescher Kollege aus einem anderen Fach äußerte[112]:

> über Ihren „Fall" an der MLU las ich kürzlich in einem Infobrief des Vereins Deutsche Sprache e.V. sowie nun Ihr Interview in der aktuell[en] JF. Für Ihre Standhaftigkeit und Wehrbereitschaft gegen die „Gendersprache", der ich mich ebenfalls konsequent verweigere, möchte ich Ihnen gratulieren und danken.

Die Universitätsleitung, die im Sommer 2022 gewechselt hatte, mußte danach ein Interesse daran haben, die Martin-Luther-Universität aus den Schlagzeilen eines gesellschaftspolitischen Streits zu bringen, bei dem die Masse der Bevölkerung nach den vorliegenden Äußerungen zum Fall wie auch nach Meinungsumfragen[113] nicht auf ihrer Seite stand.

---

110 Sebastian Seyferth: E-Mail an den Verfasser vom 6.10.2022.

111 Vgl. hierzu die Einlassung der halleschen Universitätsverwaltung gegenüber dem Petitionsausschuß des Landtags gemäß dessen Schreiben vom 23.8.2022 an den Verfasser, S. 3.

112 E-Mail vom 7.10.2022 an den Verfasser.

113 Seriöse Umfrage zur Gendersprache: „Zwei Drittel der Wahlberechtigten (65 Prozent, +9) lehnt deren Verwendung in Medien und Öffentlichkeit … ab. Die zunehmende Präsenz einer gendergerechten Sprache in Medien und Öffentlichkeit hat deren Akzeptanz nicht gesteigert. Im Vergleich zum Vorjahr ist die Ablehnung gestiegen". Infratest Dimap: Weiter Vorbehalte gegen gendergerechte Sprache (Umfrage für Welt am Sonntag), Erhebungszeitraum: 10.-11.5.2021.

Der erste Einigungsversuch

Durch das Wissenschaftsministerium veranlaßt, bot die Rektorin bei diesem Stand der öffentlich gewordenen Auseinandersetzung nach meiner Kommentierung der zweiten Stellungnahme ein Gespräch an, das nach der Weihnachtspause am 16. Januar 2023 als Videokonferenz mit insgesamt sechs Beteiligten geführt wurde: der Rektorin und dem Justitiar der Universität, dem Dekan der Philosophischen Fakultät I, dem Geschäftsführenden Direktor des Instituts für Politikwissenschaft, meinem Rechtsanwalt und mir. Wegen eines technischen Problems war ich dabei für die übrigen Teilnehmer per Kamera nicht sichtbar.

Der neugewählte Dekan ließ sich gleich zur Eröffnung dahingehend ein, daß er sich die hochschuladministrative Haltung seines Vorgängers mir gegenüber vollinhaltlich zu eigen gemacht habe. Die Tagespresse biete für meine Haltung keine belastbare Stütze, da sich selbst in der Frankfurter Allgemeinen Zeitung die Pro- und Contra-Artikel zur Gendersprache die Waage hielten – ein Eindruck der mich befremdete, den ich jedoch in der Konferenz nicht zu widerlegen vermochte[114]. Herausfordernd fragte der Dekan, wie ich dazu käme, von einer „Unterwerfungsforderung" seines Amtsvorgängers zu sprechen. Angesichts der vorgeblichen vollinhaltlichen Identifizierung des Dekans mit dessen Haltung verwunderte mich die mangelnde Vertrautheit mit den betreffenden Schriftsätzen sehr. Meine Antwort unter Verlesung der beiden eindeutigen Passagen in den an mich gerichteten Schreiben seines Amtsvorgängers lösten indes weder Betroffenheit noch ein Einlenken aus.

Der Justitiar monierte mein Vorgehen qua Petition – eine verbale Infragestellung sowohl eines Grundrechts als auch des Parlamentarismus. Statt dessen empfahl er, ich solle eine gerichtliche Klärung suchen. Diese Äußerung griff mein Anwalt mit der Entgegnung auf,

---

[114] Siehe hierzu unten, S. 90, die Antwort von Peter Eisenberg auf meine Anfrage vor den mündlichen Verhandlungen zu meinem Fall.

sich davor nicht zu fürchten und notfalls die Auseinandersetzung für mich bis zum Bundesverfassungsgericht zu tragen.

Der von mir auf § 48 Abs. 1 Satz 2 HSG LSA (s.o.) gestützte Anspruch auf Zugänglichmachung der Lehr- und Forschungseinrichtungen der Universität wurde seitens der Universitätsverwaltung zurückgewiesen. Denn der Anspruch laufe leer, da die im Gesetz erwähnte einschlägige Verwaltungs- oder Benutzungsordnung nie erlassen worden sei. Der Verzicht der Verwaltung auf eine Regelung ihrer Abläufe sollte nach dieser Auffassung einen grundrechtlich fundierten Anspruch aushebeln können.

Da die Rektorin an einem versöhnlichen Verlauf der Aussprache interessiert zu sein schien, wies ich auf Aspekte hin, die aus meiner Sicht eine Einigung möglich erscheinen ließen: Ich lehrte im Bereich von Wahlpflichtveranstaltungen, so daß es für Gender-Sprecher Umgehungsmöglichkeiten gebe. Auch erläuterte ich, daß ich während der 16 Jahre Titellehre keinerlei Interesse daran gehabt hatte, über das Abhalten von Lehrveranstaltungen hinaus noch einmal in ähnlichem Umfange teils gut, teils weniger gut geratene studentische Hausarbeiten zu lesen und daher nur in begründeten Einzelfällen zusätzlich zur Bescheinigung des Kursbesuches eine Hausarbeit angenommen hatte.

Denn als Modulprüfung war bei zwei zu besuchenden Seminaren lediglich *eine* schriftliche Leistung vorgeschrieben. Die konnte in einem *anderen* zu belegenden Kurs erbracht werden. Selbst wer als Gender-Sprecher in meinen Kurs „gestolpert" war, hatte daher immer noch eine Option, die ihm durch den Besuch meines Seminars einen Studienfortschritt versprach. Der Geschäftsführende Direktor des Instituts für Politikwissenschaft widersprach und behauptete vor der Rektorin, diese Möglichkeit existiere nicht – ob aus Unkenntnis der Studiengänge am eigenen Institut oder wider besseres Wissen, sei dahingestellt. Da die Rektorin keinen eigenen Einigungsvorschlag präsentierte und die Gegenseite von ihrer Unterwerfungsforderung kein Jota abzurücken bereit war, endete das einstündige Gespräch ergebnislos.

In seinem Nachgang sah ich mich jedoch veranlaßt, die Rektorin schriftlich durch Abdruck der entsprechenden Passagen des Modulhandbuchs auf die Korrektheit meiner Darstellung der schriftlichen Leistungsanforderungen hinzuweisen[115]. Eine Reaktion blieb aus.

Die dritte Stellungnahme zur Petition

So sah sich das Wissenschaftsministerium genötigt, auf meine Erwiderung auf seine zweite Stellungnahme eine dritte Erklärung abzugeben. Diese fiel deutlich kürzer aus als die beiden vorangegangenen. Bezeichnenderweise wurde das verfassungsrechtliche Willkürverbot nicht thematisiert, vielmehr die Unanwendbarkeit des Gleichheitssatzes auf das vorliegende Problem der Lehre an der Martin-Luther-Universität hervorgehoben[116]:

> Hinsichtlich der Unterstützung von nebenberuflich tätigen Hochschullehrern ist festzustellen, dass die Praxis in den Fakultäten stark divergiert und durch weitestgehende Dezentralität gekennzeichnet ist.

Mit Bezug auf die Sekretariatsleistungen lasse sich daher ein Anspruch auf Gleichbehandlung nicht erkennen. Entsprechendes gelte auch bezüglich eines Einsatzes nebenberuflich tätiger Hochschullehrer „in der Pflichtlehre“.

Ungeachtet des Bedauerns über die Erfolglosigkeit des vorangegangenen Einigungsgesprächs trotz der „offenbar jahrzehntelang bestehende[n] Loyalitätsbeziehung“ wurde hingegen behauptet, in der Videokonferenz hätten „der Petent bzw. der Rechtsanwalt mehrfach die Absicht zum Ausdruck gebracht, die Angelegenheit bis zum Bundesverfassungsgericht zu treiben“ [117].

---

[115] Schreiben des Verfassers an die Rektorin der Martin-Luther-Universität (per E-Mail vom 30.1.2023).

[116] Ausschuss für Petitionen des Landtags von Sachsen-Anhalt: Schreiben an den Verfasser vom 1.2.2023, S. 2.

[117] Ebd.

Meine dritte Erwiderung

Angesichts dieser unzutreffenden Sachverhaltsdarstellung hatte das Justitiariat der Martin-Luther-Universität nun meinen Anwalt gegen sich aufgebracht. Meine dritte Entgegnung trug daher auch dessen Unmut Rechnung.

Einleitend konnte ich positiv feststellen[118]:

> Seitens der Universität wird nicht bestritten, dass ich seit meiner Habilitierung bis zum Wintersemester 2021/22 an der Martin-Luther-Universität kontinuierlich Lehrveranstaltungen angeboten habe. Dabei bin ich, wie gleichfalls nicht bestritten wird und werden kann, in dem für alle Lehrenden üblichen Umfang seitens des zuständigen Sekretariats unterstützt worden. Seit Einführung modularisierter Studiengänge sind sämtliche meiner Seminare einem entsprechenden Modul zugeordnet worden, so dass sie als wahlweise – alternativ zu anderen Seminaren – zu besuchende Lehrveranstaltungen den Studenten zur Erlangung eines Studienfortschritts offen gestanden haben.

Daran knüpfte ich die Feststellung an[119]:

> Eine Änderung der materiellen Ausstattung des Sekretariats ist nicht eingetreten.
> Meine akademische Qualifikation hat sich nicht verringert.

Hieraus folgerte ich[120]:

> Die Versagung der zuvor unbestrittenen Möglichkeit, Lehrveranstaltungen im Rahmen der konkret angebotenen, modularisierten Studiengänge des Instituts für Politikwissenschaft anbieten zu dürfen, ist daher durch keine Änderung der materiellen Situation oder der Rechtslage erzwungen oder gedeckt. Das Bundesverfassungsgericht leitet aus dem allgemeinen

---

[118] Schreiben des Verfassers an den Ausschuss für Petitionen des Landtags von Sachsen-Anhalt vom 9.2.2023 (4 Seiten), S. 1.

[119] Ebd.

[120] Ebd.

> Gleichheitssatz ein Willkürverbot ab, das verwaltungsrechtlich seinen Niederschlag unter anderem im Grundsatz der Selbstbindung der Verwaltung gefunden hat. Dieses Willkürverbot ist somit im vorliegenden Falle eklatant verletzt.

Statusbezogen konkretisierte ich[121]:

> Mit der Verleihung der Lehrbefugnis sind mir Rechte zur Abhaltung von Lehrveranstaltungen *und zur Beteiligung an Prüfungsverfahren* (explizit gemacht in § 38 Abs. 6 HSG LSA mit Bezug auf Professoren im Ruhestand) verliehen worden. Das Recht auf Abhaltung von Lehrveranstaltungen bezieht sich dabei auf die akademische Lehre als einer öffentlichen Aufgabe. Wenn sich die Universität für eine Modularisierung ihrer Studiengänge entscheidet, hat sie daher dieses Recht im Rahmen ihrer Studiengänge zu respektieren. Sie darf ihre Organisationsgewalt nicht zum Ausschluss missliebiger Auffassungen verwenden. *Im vorliegenden Fall hat mir der Geschäftsführende Direktor des Instituts für Politikwissenschaft durch das Verbot, im Rahmen anrechenbarer Lehrveranstaltungen Seminare anzubieten, mein Prüfungsrecht faktisch entzogen*. Das ist rechtswidrig.

Gegen die Unterstellung eines persönlichen Interesses an einer jahrelangen Fortsetzung des Konfliktes legte ich – in voller Übereinstimmung mit meinem Rechtsanwalt – Verwahrung ein[122]:

> Die Darstellung der Martin-Luther-Universität lässt nicht erkennen, dass ich bereitwillig auf das erste mir gemachte Gesprächsangebot eingegangen bin und in der erwähnten Videokonferenz vom 16.1. 2023 mein Verständigungsinteresse bekundet habe, sofern nur mein Grundrecht aus Artikel 5 Absatz 3 GG *einschließlich des universitären Prüfungsrechts* respektiert werde. Der Dekan der Philosophischen Fakultät und der Geschäftsführende Direktor des Instituts für Politikwissenschaft haben dagegen auf einer *Unterwerfung* unter die nirgendwo

---

[121] Ebd.

[122] Ebd., S. 2. – Zu dem enthaltenen Verweis s.o., S. 74 f.

rechtsverbindlich formulierten Einschränkungen der grundgesetzlich garantierten Lehrfreiheit bestanden und *von sich aus eingeworfen, sofern ich anderer Ansicht sei, möge ich Klage erheben.*
Da hierzu durch den Justiziar auch noch meine Anrufung des Landtags gem. Art. 19 LVerf LSA – statt der Verwaltungsgerichtsbarkeit – moniert und damit *de facto* die parlamentarische Kontrollkompetenz des Landtags gegenüber der Landesverwaltung (Art. 41 Abs. 1 Satz 4 LVerf LSA) angegriffen worden ist, hat sich mein Rechtsanwalt genötigt gesehen, seine dankenswerte Bereitschaft zu meiner Vertretung – nötigenfalls durch alle forensischen Instanzen – zu bekunden. *Ein persönliches Interesse an einem gerichtlich ausgetragenen Streit habe ich nicht.*
Ansonsten hätte ich nicht den Weg der Formulierung einer Petition eingeschlagen. Doch hat bereits die gequälte Formulierung, nach der die Anordnungen des Geschäftsführenden Direktors „jedenfalls im Ergebnis nicht zu beanstanden" seien (Stellungnahme vom 15.11.2022, S. 3), deutlich gemacht, dass auf der Seite der Universitätsverwaltung ein in der Sache unnachgiebiges Rechtfertigungsverhalten vorliegt, auf dem – zu meinem Bedauern – eine gütliche Einigung nicht erzielbar sein *konnte.*

Neben dem nochmaligen Hinweis auf die Illoyalität der Universität gegenüber dem Landtag, wenn sie ein kostenloses Lehrangebot zurückweist, enthielt der Text einen weiteren speziellen Appell an die Abgeordneten in ihrer Funktion als Landesgesetzgeber[123]:

> Seit 1993 hat der Landtag seinen Willen, Privatdozenten und außerplanmäßige Professoren an Forschung und Lehre – als öffentlicher Aufgabe der Universität – teilhaben zu lassen, soweit dies ohne Beeinträchtigung der Aufgabenwahrnehmung durch hauptamtliche Kräfte der Universität möglich ist, im Landeshochschulgesetz zum Ausdruck gebracht (heute § 48 Abs. 1 Satz 2 und 3 HSG LSA). In der Videokonferenz vom

[123] Ebd., S. 2.

> 16.1.2023 ist seitens des Justiziars geltend gemacht worden, im vorliegenden Falle laufe der Anspruch auf Zugänglichmachung der Lehr- und Forschungseinrichtungen der Universität leer, da eine einschlägige Verwaltungs- oder Benutzungsordnung konkret nicht existiere. Tatsächlich handelt es sich erkennbar lediglich um eine vom Landtag sinnvollerweise eingeräumte Möglichkeit, exzessive Inanspruchnahmen von Forschungskapazitäten durch den Erlass entsprechender Ordnungen abwehren zu können. Real kann von einer solch exzessiven Inanspruchnahme keine Rede sein. Insoweit liegt in der vorgetragenen Argumentation eine Missachtung des Willens des Landtags.

Meine eigene Einigungsbereitschaft unterstrich ich erneut durch den konkretisierenden Hinweis:

> Eine Einigung hinsichtlich der bislang unproblematisch geleisteten Dienste des Sekretariats könnte ohne weiteres erfolgen, wenn für meine Lehrveranstaltungen – wie zuvor – eine konkrete Modulbezeichnung vergeben würde. Zur eigenen Ankündigung der Veranstaltung wäre ich durchaus bereit.

Angesichts der ausgebliebenen Antwort auf die bereits zuvor geltend gemachten Übergriffe und Falschdarstellungen bestand ich hingegen

- auf einer Abstellung von Bespitzelungen seitens des Prodekans,
- auf der Beachtung einer fachspezifischen Wissenschaftssprache entgegen der universitären Behauptung politologischer Bedeutungslosigkeit der ideologisch aufgeladenen Gendersprache,
- auf dem Verzicht auf die Verpflichtung, das Eindringen sachfremder Inhalte in meine Lehrveranstaltungen hinnehmen zu müssen sowie
- auf der Wiederherstellung meines Prüfungsrechts.

Mit der grundrechtsdogmatischen Argumentationsfigur der „praktischen Konkordanz“ zwischen einem Rechtsanspruch der Studenten auf eine von ihnen gewünschte Ausdrucksweise und meinem Recht, eigenverantwortlich zu lehren, suchte ich die eingenommene Haltung auch für den Universitätsjuristen plausibel erscheinen zu lassen.

Die vierte Stellungnahme zur Petition

Das auf dieses Vorbringen bei mir eingehende Schreiben des Landtagsausschusses war nochmals kürzer als das vorangegangene. Die Universität ging in ihm auf die vorgebrachten zentralen Gravamina wiederum nicht ein. Behauptet wurde nunmehr jedoch[124]:

> Der Petent trägt sinngemäß vor, die Entscheidung sei durch keine Änderung der Sach- und Rechtslage gedeckt. Er übergeht dabei aber, dass er selbst den Anlass für die Entscheidung gesetzt hat. Der Petent hatte angekündigt, die Verwendung von sog. gendersensibler Sprache in seinen Lehrveranstaltungen und damit notwendigerweise auch in den zugeordneten Prüfungsleistungen, die Bestandteil der Pflichtmodule sind, nicht zu dulden. Dieses Verhalten hat das Institut dazu veranlasst, die Praxis zu überdenken und im Ergebnis der Abwägung die bekannte Entscheidung zu fällen. Die Erwägungen, die zu dieser Entscheidung führten, sind sachlich nachvollziehbar. Die mit der Entscheidung verbundene Abkehr von der zuvor geübten Praxis stellt keine Willkürentscheidung dar, da sie auf Umstände reagierte, die von dem Petenten selbst herbeigeführt worden waren. In dieser Entscheidung liegt daher kein Verstoß gegen den aus dem Gleichheitssatz abgeleiteten Grundsatz der Selbstbindung der Verwaltung.

Damit wechselte die Universität abrupt die mir gegenüber abgegebene Begründung für die zum Sommersemester 2022 vollzogene Beendigung meiner Lehre. Zuvor war von nichts anderem als von fehlenden finanziellen Mitteln für einen Lehrauftrag die Rede gewesen. Folglich wird man in der Darstellung ein Eingeständnis ei-

---

124 Ausschuss für Petitionen des Landtags von Sachsen-Anhalt: Schreiben an den Verfasser vom 29.3.2023, S. 1-2.

ner über ein Jahr lang aufrechterhaltenen Falschbehauptung seitens der Universität – vermeintlich einer dem Streben nach Wahrheit verpflichteten Institution – hinsichtlich der faktischen Mißachtung meiner Lehrbefugnis und damit eines Grundrechtseingriffs sehen müssen. Die tatsächlich vorgebrachte Begründung war daher von einer Verdeckungsabsicht getragen.

Meine vierte Erwiderung

Auch den nun formulierten Fehldarstellungen mußte ich entgegentreten, wollte ich meine Selbstachtung bewahren. So schrieb ich in einer erneuten Stellungnahme[125]:

> Entgegen der Darstellung seitens der Universität habe *nicht ich* eine Änderung der für meine Lehrveranstaltungen gültigen sprachlichen Grundlagen herbeigeführt. Angesichts einer an anderen Stellen der Universität eingerissenen Praxis habe ich lediglich die zuvor fraglos akzeptierte Grundlage der Ideologiefreiheit der Wissenschaftssprache für meine Lehrveranstaltungen explizit machen müssen.

Dies stehe in Einklang mit meiner konsequent vertretenen Grundposition[126]:

> Seit Beginn meiner Lehrtätigkeit im Jahre 1985 wehre ich mich in kontinuierlicher Praxis gegen das Eindringen ideologischer Gehalte in meine politikwissenschaftlichen Lehrveranstaltungen. Dies ist den maßgeblichen Repräsentanten der Martin-Luther-Universität bei meiner Einstellung als Wissenschaftlicher Assistent im Jahre 1992 (*Hans-Hermann Hartwich*) wie auch bei meiner Habilitation im Jahre 2002 (*Everhard Holtmann, Arthur Benz, Rainer Enskat*) bewusst gewesen. Insoweit stellt die manipulierte Gendersprache lediglich einen akuten Anwendungsfall für ideologische geprägte Äußerungen dar. Andere Beispiele sind etwa

---

[125] Schreiben des Verfassers an den Ausschuss für Petitionen des Landtags von Sachsen-Anhalt vom 4.4.2023 (6 Seiten), S. 1.
[126] Ebd., S. 1-2.

- die pejorative Verwendung der Abkürzung *„FdGO"* für die grundgesetzliche „Freiheitlich-demokratische Grundordnung" oder
- die Benutzung des Begriffes *„Radikalenerlass"* für den „Extremistenbeschluss" von Bundeskanzler und Ministerpräsidenten zur Regierungszeit *Willy Brandts*.

Die evidente inhaltliche Fehlerhaftigkeit gendersprachlicher Ausweichversuche gegenüber etablierten, sexusneutralen Begriffen mit maskulinem Genus zeigt sich etwa an Formulierungen wie *„anreisende Teilnehmende"* oder *„streikende Mitarbeitende"*. Ebenso wäre ein Satz aus dem *„Berliner Kurier"* in einer politikwissenschaftlichen Lehrveranstaltung als fehlerhaft zu monieren: *„Je näher der Wahltag rückt, desto uneinheitlicher die Meinungen, die Wählende von den Parteien und Kandidaten haben."* Denn „Wählende" gibt es nur für die wenigen Minuten des Wahlaktes im Wahllokal oder (zunehmend) am häuslichen Schreibtisch.

Da der ideologische Gehalt der Gendersprache von der Gegenseite bis dahin beschwiegen worden war, machte ich ihn explizit. Denn aus politikwissenschaftlicher Sicht erscheint das implizite Insinuieren nicht argumentativ begründeter Positionen in wissenschaftlichen Diskussionen als Verstoß gegen die Diskursregeln schlicht inakzeptabel. So benannte ich gendersprachliche Inhalte nunmehr konkret[127]:

- Die Gesellschaft in den deutschsprachigen Ländern ist – unabhängig von den unterschiedlichen politischen Systemen dieser Länder (Deutschland, Österreich, Schweiz, Liechtenstein) – geschlechtsspezifisch ungerecht.
- Sie muss verändert werden.
- Diese erforderliche Veränderung der gesellschaftlichen Realität ist untrennbar mit der sprachlichen Praxis verbunden.
- Daher kann die geschlechtsspezifische soziale Veränderung nicht unter Respektierung des Konsenses in der Sprachgemeinschaft der Muttersprachler erfolgen.

[127] Ebd., S. 2.

- Vielmehr ist eine manipulative Veränderung der Sprache ungeachtet des Willens der Mehrheit zur Veränderung der Gesellschaft erforderlich.
- Dabei sind die Anhänger der Gerechtigkeit durch die Verwendung der manipulierten Sprache erkennbar; die Verwender der kontinuierlich fortgebildeten Umgangssprache demaskieren sich selbst als Vertreter einer unterdrückerischen gesellschaftlichen Praxis.

Dazu erläuterte ich[128]:

> Diese Inhalte, die mit der Verwendung der – gegenüber dem allgemeinen Sprachgebrauch manipulierten – Gendersprache transportiert werden, sind
> (a) sachlich durch empirische Analysen (etwa einen deutsch-türkischen Sprach- und Gesellschaftsvergleich) angreifbar,
> (b) evident mit willensabhängigen gesellschaftlichen Zielvorstellungen verbunden,
> (c) von autoritärem Denken geprägt und
> (d) gesellschaftsspaltender Art.
> Einerlei, ob man die betreffenden, hier explizit gemachten Auffassungen teilt oder nicht, sind sie *jedenfalls außerwissenschaftliche Haltungen*.

Unter Bezugnahme auf die Stellungnahme deutscher Linguisten zur Sprachpraxis öffentlich-rechtlicher Rundfunkanstalten verwies ich auf Fach- und Universitätskollegen sowie Sprachwissenschaftler, die meine Grundauffassung teilten[129]. Daraus leitete ich ab, daß

---

[128] Ebd.

[129] Aufruf: Wissenschaftler kritisieren Genderpraxis des ÖRR, *https://www.linguistik-vs-gendern.de.* – Unter den Unterzeichnern: Jürgen Falter, Andreas Rödder (beide Mainz), Udo Schnelle (Halle), Jessica Ammer (in Halle promoviert), Katerina Stathi (Münster), Peter Eisenberg (Potsdam), Hans-Joachim Solms (Halle), Helmut Glück (Bamberg), Lutz Götze (Saarland), Sebastian Seyferth (Leipzig). – Die Anzahl der Unterzeichner ist bis Mitte Januar 2024 auf 1026 Sprach- und Literaturwissenschaftler sowie 5042 Einträge in der allgemeinen Liste angewachsen (Stand: 16.1.2024).

es sich um eine begründete und nicht geschlechtsspezifische Ansicht handele, die an deutschen Universitäten der akademischen Lehre sollte zugrunde gelegt werden dürfen[130]:

> *Die Verwendung einer durch voluntative Elemente geprägten Sprache ist hingegen für wissenschaftliche Zwecke* – und nur um diese geht es hier – *von vornherein ungeeignet.* Denn intersubjektiv verbindliche Erkenntnis ist nur in einer von jedem subjektiven Wollen unbeeinflussten Sphäre möglich.

Es gebe jedoch noch weitere sprachliche Aspekte, die für die Politologie – anders als im Journalismus – relevant seien, wie etwa die Vollständigkeit der Sätze als Voraussetzung für die Beurteilung ihrer Richtigkeit. Ein solch korrekter Umgang mit der Wissenschaftssprache sei im Laufe eines Studiums zu erlernen[131].

Er erscheint auch erforderlich, wenn man die Absolventen befähigen will, etwa in der *Zeitschrift für Parlamentsfragen* zu publizieren, die unter der Chefredakteurin, Suzanne S. Schüttemeyer, konsequent ohne gendersprachliche Manipulationen erscheint und der die Martin-Luther-Universität Redaktionsräume zur Verfügung stellt. Wenn dies seitens der Universität im Bereich der Forschung gestattet werde, liege angesichts der Einheit von Forschung und Lehre, der die deutschen Universitäten verpflichtet sind, ein „Selbstwiderspruch" vor, wenn die Heranführung an derartige Standards nicht möglich sein sollte[132].

Als weiteres konkretisierendes Element hob ich den Charakter von Seminaren als der von mir in Halle verwendeten Veranstaltungsform hervor[133]:

> In Seminaren werden die wesentlichen Inhalte der Lehrveranstaltungen von Studenten selbständig ausgearbeitet und vorgetragen. Die meisten Äußerungen stammen daher absichts-

---

130 Schreiben des Verfassers vom 4.4.2023, S. 3.

131 Ebd.

132 Ebd.

133 Ebd., S. 4.

> voll aus deren Reihen. Eine Einzelkorrektur manipulativer Äußerungen würde den Charakter des Seminars in einer für alle Beteiligten unangenehmen Weise verändern und von dem politikwissenschaftlichen Inhalt ablenken. Eine Selbstselektion der Interessenten ist daher adäquat und schmälert keineswegs das Recht der Studenten, sich gegebenenfalls in anderen Lehrveranstaltungen in einer von ihnen gewünschten Weise auszudrücken, sofern ein anderer Dozent – gleich, welchen Geschlechts – dies mit seinem wissenschaftlichen Weltbild für vereinbar hält.

Um dazu die konkrete Prüfungssituation ins Spiel zu bringen, fügte ich mein Schreiben an die Rektorin bei, in dem ich ihr anhand des betreffenden Modulhandbuchs die Korrektheit meiner – vom Institutsdirektor in Abrede gestellten – Angaben nachgewiesen hatte[134]. Nach dieser Argumentation schloß ich mein Schreiben mit bereits zuvor aufgeworfenen, aber unbeantwortet gebliebenen Fragen, einer Formulierung meines Standpunktes in scharfer Gegenposition zu demjenigen der Universitätsverwaltung und einem nochmaligen Appell an die Abgeordneten. Ich wollte wissen[135]:

- ob man an den Universitäten des Landes Sachsen-Anhalt – *wie zuvor* seit der deutschen Wiedervereinigung – noch eine ideologiefreie Wissenschaft betreiben darf,
- ob eine Universität aus subjektiv verfolgten gesellschaftspolitischen Gründen in die vermittelten Inhalte der akademischen Lehrveranstaltungen eines von ihr selbst mit Lehrbefugnis ausgestatteten Professors eingreifen darf,
- ob eine Universität in Sachsen-Anhalt eine von ihr selbst erteilte Lehrbefugnis mit den aus dem Landeshochschulgesetz ersichtlichen Komponenten des *Rechtes zu universitärer Lehre* und der *Abnahme der darauf bezogenen universitären Prüfungen* auf administrativem Wege um das Prüfungsrecht beschneiden darf, solange die Lehrbefugnis nicht auf dem dafür vorgesehenen Wege aufgrund eines dafür hochschul-

---

[134] Ebd., S. 4-5.
[135] Ebd., S. 5-6.

> rechtlich in Betracht kommenden Grundes entzogen worden ist.

Dazu vertrat ich die Auffassung[136]:

> *Wird die Vertretung einer spezifisch wissenschaftlich begründeten Ansicht zu Forschung und Lehre seitens einer Universität zur Rechtfertigung einer Zwangsmaßnahme gegen die Durchführung prüfungsrelevanter Lehrveranstaltungen herangezogen (siehe Stellungnahme der Martin-Luther-Universität im Schreiben vom 29.3.2023), so handelt es sich um einen offen willkürlichen Übergriff auf den durch das Grundgesetz geschützten Freiraum akademischer Lehre. Dass dies studierwillige Studenten beiderlei Geschlechts um die Chance einer – für die Universität kostenfreien – zusätzlichen Wahlmöglichkeit bringt, macht die Sache aus meiner Sicht sodann noch geradezu absurd.*

Meine Konsequenz daraus lautete:

> Daher appelliere ich erneut an den Landtag, dem Grundgesetz und den von ihm selbst dazu verabschiedeten konkretisierenden Bestimmungen im Landeshochschulgesetz auch faktische Geltung zu verschaffen.

Die ausbleibende Reaktion

Mit einem Schreiben vom 11. April bestätigte mir der Petitionsausschuß des Landtags den Eingang meines jüngsten Schreibens, das wiederum routinemäßig der Landesregierung zu einer „ergänzenden Stellungnahme“ zugeleitet worden sei. Doch schon vierzehn Tage später schrieb mir der Parlamentsausschuß erneut. Denn die Landesregierung sehe „angesichts des bisherigen umfangreichen Schriftwechsels“ von einer erneuten Antwort ab[137]. Daraufhin konnte mir weitere neun Tage später die Information gegeben werden, daß die Petition nunmehr auf die nächste – 27. – Sitzung des Ausschusses gesetzt worden sei und am 25. Mai öffentlich verhan-

---

[136] Ebd., S. 6.

[137] Ausschuss für Petitionen des Landtags von Sachsen-Anhalt: Schreiben an den Verfasser vom 11.4. und 25.4.2023.

delt werden solle, wobei ich im Falle meiner Teilnahme Fragen beantworten und mich „kurz ergänzend“ zu meinem Anliegen äußern könnte[138].

Vorbereitung

Nachdem ich schriftlich das letzte Wort behalten hatte, begann ich, mich auf die Sitzung vorzubereiten.

Recht passend schien mir eine Auffassung, die ich einmal bei dem Kölner Staatsrechtler Martin Kriele in seiner Einführung in die Staatslehre zum Begriff der Ideologie gefunden hatte: „Überzeugungen sind ideologisch, wenn sie *nicht auf Gründen, sondern auf Interessen* beruhen“[139].

Kriele erläutert dazu[140]:

> Der Gegenbegriff zur Ideologie ist nicht – wie oft gesagt wird – Wahrheit, sondern *Bereitschaft, mit sich reden zu lassen*. Eine Überzeugung, die nicht auf Gründen, sondern auf Interessen beruht, kann man nicht in aller Ruhe auf die Stichhaltigkeit ihrer Gründe hin prüfen lassen: Ein Symptom (wenn auch kein sicheres Indiz) für den ideologischen Charakter einer Überzeugung ist deshalb die gereizte, ärgerliche oder entrüstete Reaktion; die erfolgt, wenn die Richtigkeit der Überzeugung aus sachlichen Motiven in Frage gestellt wird.

Es handelt sich bei einer Ideologie, wie Kriele zutreffend weiterhin bemerkt, jeweils um eine Gruppenüberzeugung mit einer Doppelfunktion[141]:

> Sie dient einerseits der Rechtfertigung und *Legitimierung* des politischen Verhaltens einer Gruppe nach außen, andererseits

---

[138] Ausschuss für Petitionen des Landtags von Sachsen-Anhalt: Schreiben an den Verfasser vom 4.5.2023.

[139] Martin Kriele: Einführung in die Staatslehre, 5. Aufl. Opladen 1994, S. 253.

[140] Martin Kriele, ebd.

[141] Martin Kriele, ebd., S. 254.

> auch der inneren *Integration der Gruppe*, begründet ihren Zusammenhalt, ihre Solidarität.

Der österreichisch-amerikanische Politologe Karl Wolfgang Deutsch hat ein solch uneinsichtiges Verhalten durch Hinweise auf Willen und Macht zu erklären vermocht[142]:

> Da der Wille fähig ist, zäh an einer einmal gefaßten Entscheidung festzuhalten, scheint er einen Ausweg anzubieten, mit dem man die psychische Belastung weiterer Entscheidungsbildung umgehen kann.

Auch politische Institutionen können innen- und außenpolitische Konflikte vermeiden, wenn sie an einer einmal getroffenen Entscheidung festhalten[143]:

> Beharrlichkeit kann sich dann als leichter erweisen als jede Korrektur.

Die Akteure lehnen ein weiteres Lernen aus den Umständen ab, wenn sie meinen, das nicht nötig zu haben. Ihr Wille entscheidet. So hat Deutsch in einem bekannten Satz formuliert[144]:

> Wenn „Wille" als Wunsch verstanden wurde, nicht zu lernen, so ist „Macht" die Fähigkeit, nicht lernen zu müssen.

Diese Aussage schien sich mir auf die gegenwärtige sprachpolitische Situation münzen zu lassen: Die statusrechtlich und finanziell gesicherten öffentlich-rechtlichen Rundfunkanstalten und staatlichen Universitäten *können* sich vom realen Sprachgebrauch der Masse der Bevölkerung unabhängig machen. Hierauf gestützt Sondernormen durchsetzen zu wollen, zeugt indes von autoritärem Denken.

---

[142] Karl Wolfgang Deutsch: Politische Kybernetik. Modelle und Perspektiven, 3. Aufl. Freiburg i.Br. 1973, S. 327 (im englischen Original „The Nerves of Government", 1963, S. 246-247).

[143] Karl Wolfgang Deutsch, ebd., S. 328.

[144] Karl Wolfgang Deutsch, ebd., S. 329.

Hinsichtlich möglicher Willkür staatlicher Maßnahmen hat das Bundesverfassungsgericht in jüngerer Zeit unter dem Gleichheitssatz Verhältnismäßigkeitsprüfungen durchgeführt und damit den Zweck der betreffenden Maßnahme einbezogen. Danach müssen die Gründe für staatliche Zwangsmaßnahmen verfassungsrechtlich legitim sein, wobei im Falle eines Konflikts mit anderen Rechtsgütern besonders strenge Maßstäbe gelten sollen und die Verwaltung überdies an die einfachgesetzlich gestatteten Handlungsalternativen gebunden ist. Im übrigen geht Willkürfreiheit nicht in Gleichheitsansprüchen auf[145].

Unter den bei mir eingegangenen Äußerungen befand sich ein anteilnehmender Kommentar des Potsdamer Sprachwissenschaftlers Peter Eisenberg und eine bedrückend anmutende Bemerkung des Sofioter Südosteuropahistorikers Ivan Parvev. Eisenberg, durch etliche Artikel in der Tagespresse öffentlich stark profiliert, meinte[146]:

> Sehr geehrter Herr Kollege,
> Ihr Fall und seine Behandlung durch die Gremien Ihrer Universität beunruhigt mich sehr. Was Sie als Standpunkt und Einlassung der Gegenseite mitteilen, hat inhaltlich keinen Bestand. Zu Einlassungen wie der, man treffe in der FAZ auf gleichviel Befürworter wie Gegner einer gegenderten Sprache, kann ich nur antworten, dann lese ich eine andere Zeitung.

---

145 Thorsten Kingreen/Ralf Poscher: Grundrechte. Staatsrecht II (Pieroth/Schlink), 38. Aufl., Heidelberg 2022, S. 154-160; Ingo von Münch/Ute Mager: Staatsrecht II – Grundrechte, 6. Aufl., Stuttgart 2014, S. 151-155; Ferdinand Wollenschläger: Artikel 3 Abs. 1, in: Peter Huber/Andreas Voßkuhle (Hrsg.): Grundgesetz. Kommentar, Bd. 1, begr. von Hermann von Mangoldt, 7. Aufl., München 2018, S. 317-347; Sigrid Boysen: Art. 3 (Gleichheit vor dem Gesetz), in: Jörn Axel Kämmerer/Markus Kotzur (Hrsg.): Grundgesetz. Kommentar begr. von Ingo von Münch/Philip Kunig Bd. 1, 7. Aufl. München 2021, S. 233-238.

146 Peter Eisenberg: Antwort-E-Mail an den Verfasser vom 13.5.2023. – Inhaltlich nimmt Eisenberg Bezug auf eine von mir mitgeteilte Äußerung des Dekans im ersten Einigungsgespräch (s.o., S. 74).

Desillusioniert fügte Eisenberg hinzu:

> Allerdings glaube ich nicht, dass ich Ihnen argumentativ weiterhelfen kann, denn die Gegenseite hat nicht nur keine Argumente, sondern sie lässt auch keine gelten.

Ivan Parvev, Absolvent der deutschen Schule in Sofia und während meiner Zeit Dozent am „ZEDES-Germanicum", schrieb als hervorragend deutschsprechender Nicht-Muttersprachler aus persönlicher Betroffenheit[147]:

> Das Gendern der deutschen Sprache finde ich immer schrecklicher! Daher ziehe ich es vor, wenn ich auf internationalen Tagungen auftreten soll, lieber auf Englisch zu sprechen, um bei der glottalen Transformation des Deutschen zu einem südafrikanischen Dialekt nicht mitzuwirken.

Dieser Aspekt der Schädigung des Ansehens der eigenen Kultur im Ausland scheint in der deutschen Diskussion bislang keine nennenswerte Rolle gespielt zu haben.

Gescheitertes Seminar

Ein weiterer Vorgang außerhalb des parlamentarischen Handlungsstranges bestand in meinem Versuch zu prüfen, inwieweit die von der Martin-Luther-Universität eingeräumte Handlungsoption, interessierten Studenten selbstorganisierte Lehrveranstaltung anzubieten, auf eine Nachfrage träfe. Unter Inkaufnahme einer relativ geringen Anmeldezahl wartete ich mit der Bekanntgabe der Absicht, ein inhaltlich bewährtes Seminar in Blockform neuerlich anbieten zu wollen, relativ lange, wobei ich nicht ausschließen wollte, daß der Landtag mir angesichts der meines Erachtens klaren Rechtslage noch vor der Durchführung eines Seminarblocks zu meinem – und vor allem: meiner Studenten – Recht verhelfen könnte.

Während ich schon etliche Male Ankündigungen ins Intranet der Universität gestellt hatte, gestaltete sich die Organisierung einer

---

[147] Ivan Parvev: E-Mail an den Verfasser vom 10.4.2023.

Raumbuchung als ausgesprochen schwierig. Es gelang nur mit einem Insidertipp. Der für die Raumverteilung zuständigen Stelle galt ich – mangels Unterstützung durch ein Sekretariat – als ein „externer“ Anbieter. Daher hatte ich formularmäßig vorgelegte Fragen zu Eintrittspreisen und meiner Absicht, etwa Musik und Tanz anbieten zu wollen, zu beantworten.

Als der Geschäftsführende Direktor gewahr wurde, daß es mir trotz seiner Anordnungen gelungen war, ein Lehrangebot zu machen, wies er die Institutssekretärin an, die interessierten Studenten ausdrücklich auf die fehlende Möglichkeit eines Erwerbs von Leistungspunkten für dieses Seminar aufmerksam zu machen. Die Anzahl der an der angesetzten Videokonferenz zur Organisierung des Seminars teilnehmenden Studenten reduzierte sich dadurch von sechs auf einen, der an einem anderen Institut eingeschrieben war und daher den kaum verklausulierten Rat des Direktors, das Seminar nicht zu besuchen, nicht vernommen hatte, dann aber ebenso wie seine Kommilitonen dankend auf den zusätzlichen, ohne formale Anerkennung bleibenden Aufwand verzichtete.

Die Erfahrungen mit der Befolgung der Anordnungen des Geschäftsführenden Direktors waren danach eindeutig. Insofern gehörte auch dieser Versuch zu den Vorbereitungen auf die entscheidende Handlungssequenz.

Die erste Beratung des Petitionsausschusses

Zur Eröffnung der Verhandlung über meinen Fall fand ich mich am 25. Mai 2023 im betreffenden Sitzungsaal des Landtags ein. Für den Petenten war ein Platz an einer der Schmalseiten des Raumes in der Nähe des Eingangs vorgesehen, der Vorsitzenden aus der Fraktion der Linken gegenüber. Zu meiner Linken blickte ich in die teils skeptischen, teils freundlichen Gesichter der in Sachsen-Anhalt regierenden Dreierkoalition aus CDU (fünf Abgeordnete), FDP und SPD (je ein Ausschußmitglied). Zu meiner Rechten saßen die drei Mandatsträger der AfD dem jeweiligen Petenten am nächsten. Nach einer Lücke folgte – näher zur Vorsitzenden – die zweite Abgeordnete der Linkspartei, dann, als einzige mit Mund-Nasen-Bedeckung, die Abgeordnete der Bündnisgrünen, die Berichterstatterin im vorliegenden Fall.

Die Ausschußvorsitzende verwies entschuldigend auf die außerhalb ihres Einflusses liegenden Gründe für die ungewöhnlich lange Zeitspanne zwischen Eingang und Beratung der Petition, bevor sie der Berichterstatterin das Wort erteilte. Diese behielt auch während ihres Vortrags aus dem vorliegenden Schriftwechsel ihre Gesichtsmaske auf, wobei sie meinen letzten, unerwidert gebliebenen Schriftsatz unerwähnt ließ. Meine Oberhand im schriftlichen Vorspiel blieb damit wirkungslos. Doch erhielt ich anschließend Gelegenheit zu einer mündlichen Stellungnahme. Als zentrale Merkposten hatte ich mir hierfür notiert:

- Bei meinen Seminaren handelt es sich um Wahlpflichtveranstaltungen.
- Die vorherige Bekanntgabe der Standards sichert die Freiwilligkeit der Teilnahme unter konkreten Bedingungen. Daher gilt: „*Volenti non fit iniuria*!“[148].
- Damit bestehen Freiheit der Lehre und Freiheit der Wahl.
- Es geht um die Wissenschaftssprache in einem Seminar.
- Es besteht keine Verpflichtung zum Schreiben einer Seminararbeit.
- Die Durchführung des Seminars soll erfolgen wie stets zuvor.
- Die Universität hat mir die Lehrbefugnis erteilt. Diese umfaßt akademische Hochschullehre sowie die Abnahme universitärer Prüfungen.
- Im Wechsel von Rechtsbruch zu Schikane liegt keine Korrektur des Vorhabens.
- In der Untersagung jeglicher Unterstützung seitens des Sekretariats liegt angesichts der zuvor jahrelang geübten Praxis eine Willkürentscheidung.

---

148 Lateinisches Zitat: *Denjenigen, der zustimmt, trifft kein Unrecht.*

In der nachfolgenden Aussprache der Abgeordneten zeigte eine CDU-Abgeordnete aus Halle persönlichen Einsatz für mein Anliegen. Der Sprecher der AfD-Abgeordneten vertrat seine insoweit parallele Auffassung mit wenig hilfreichen Hinweisen auf eigene Erfahrungen und einen nicht zur Verhandlung anstehenden anderen Fall, womit er sich den Zorn der Ausschußvorsitzenden zuzog.

Die Berichterstatterin hielt dagegen die Darlegungen der Universität für geeignet, um mein Begehren abzuweisen. Die zweite Abgeordnete der Linkspartei unterstellte mir, Studenten aus sprachlichen Gründen tatsächlich benachteiligt zu haben. Die SPD-Abgeordnete verlangte vom anwesenden Vertreter des Wissenschaftsministeriums Aufklärung über meinen Status an der Universität und dessen Dauer. Der hilflos in seinen Unterlagen blätternde Beamte antwortete darauf unzutreffend, was ich mit dem Zwischenruf: „Schon falsch!", quittierte, woraufhin er völlig ratlos wirkte und ich auszuhelfen versuchte.

Insoweit als „teilnehmender Beobachter" ergab sich für mich auch ohne formelle Abstimmung der Eindruck einer Neun-zu-vier-Mehrheit für mein Begehren, wobei die Mehrheit jedoch nicht alle Abgeordneten der Regierungsmehrheit einbezog. Seitens der CDU wurde daher eine „Auszeit" erbeten, während der die Koalitionsabgeordneten versuchten, eine gemeinsame Linie zu finden.

Die Einigung erfolgte in klassischer Weise auf Kosten eines Dritten: In der nächsten Ausschußsitzung sollte erneut über meinen Fall beraten werden, dann jedoch in Anwesenheit eines Vertreters der Martin-Luther-Universität. Dazu hatte ich erneut anzureisen.

Im Nachgang zu den Beratungen baten mich die anwesenden Berichterstatter der Mitteldeutschen Zeitung, des MDR und des Deutschlandfunks um Auskünfte. Eine junge Frau vom Mitteldeutschen Rundfunk fragte am meisten. Der Vertreter des DLF behielt seine skeptische Miene unabhängig von meinen Antworten bei. Der

Journalist der MZ schrieb schließlich einen sachlich angemessenen Bericht[149].

Die zweite Beratung des Petitionsausschusses

Die zweite Ausschußbefassung fand am 22. Juni 2023 in veränderter Atmosphäre statt. Da die Rektorin in Kasachstan weilte, war die Martin-Luther-Universität durch ihren erst zwei Monate zuvor neu ernannten Kanzler vertreten, der, da keine erneute Berichterstattung erforderlich war, sogleich das Wort erhielt. Vor dem Hintergrund meiner Vorerfahrungen mit der HVA des MfS der DDR bekundete er einleitend sein Bedauern über meine Betroffenheit von der Ausforschungsaktion des Prodekans, die er allerdings nicht als „Bespitzelung“ bezeichnen wollte. Sodann hielt er im Unterschied zu der vorherigen Position der Universität die Anwendbarkeit der Regeln des Rates für deutsche Rechtschreibung auf Universitäten immerhin für diskutabel. Die in der ersten Ausschußberatung unter dem Schutz parlamentarischer Immunität von der Abgeordneten Christina Buchheim hingeworfene, ehrenrührige Behauptung, ich hätte jemanden benachteiligt, wies der Kanzler mit der eindeutigen Erklärung zurück, daß es dafür keinen einzigen aktenkundigen Vorgang gebe. Die Abgeordnete, die zum 10. Juli aus dem Landtag ausschied, hörte diese Richtigstellung nicht mehr.

Der Kanzler machte sodann für die Universität den Vorschlag, nach der unbefriedigend verlaufenen Videokonferenz im Januar ein weiteres Gespräch aller Beteiligten in Präsenz anzusetzen. Das bedeutete für mich eine weitere Fahrt aus dem Rheinland nach Sachsen-Anhalt. Gleichwohl antwortete ich auf die Nachfrage einer CDU-Abgeordneten, ob auch ich dazu bereit sei, grundsätzlich positiv. Allerdings konditionierte ich meine Zustimmung durch die Bemerkung, daß sich eine dritte Anreise für mich nur lohne, wenn Aussicht auf Einigung bestehe und nicht erneut schlicht meine Unterwerfung erwartet werde. Dies wurde mir seitens des Kanzlers

---

149 Matthias Müller: Stern ist ein Dorn im Auge, Mitteldeutsche Zeitung vom 26.5.2023, S. 2.

zugesichert, doch blieb ich hinsichtlich der zu beteiligenden Vertreter von Institut und Fakultät ausgesprochen skeptisch. Die Skepsis der Ausschußvorsitzenden bezog sich hingegen darauf, ob ich denn im Falle einer etwaigen Gestattung eines gendersprechfreien Alternativseminars überhaupt irgendwelche Studenten haben würde.

Der Petitionsausschuß hatte sodann über die Art der Erledigung der Eingabe zu entscheiden. Wiederum gemäß dem Vorschlag einer CDU-Abgeordneten wurde der Universität eine Berichtspflicht über Verlauf und Ergebnis des Gespräches auferlegt.

Der zweite Einigungsversuch

Um meinen Einigungswillen ebenso wie meine Essentialia zu unterstreichen, formulierte ich vor dem Termin ein Positionspapier, auf dessen Grundlage ich mir eine Einigung vorstellen konnte, und übersandte es an den Kanzler der Universität. Das Papier benannte neun Punkte:

Entwurf für eine Verständigung

1. Einvernehmlich wird festgestellt: Die Freiheit der Lehre nach Art. 5 Abs. 3 GG stellt für Professoren ein Individualrecht dar, das die Lehre in universitären Lehrveranstaltungen und die Abnahme der darauf bezogenen universitären Prüfungen umfasst.
2. Angesichts der Modularisierung der Lehrangebote am Institut für Politikwissenschaft lässt sich das Recht aus Art. 5 Abs. 3 GG nur im Rahmen dieser modularisierten Studiengänge realisieren. Geschlechtsunabhängig stehen dabei den studentischen Teilnehmern der von Herrn Prof. Dr. Jürgen Plöhn hierzu angebotenen Lehrveranstaltungen Ansprüche auf die gleiche Anzahl von Credit Points zu – nach derzeitiger Regelung 5 LP je Lehrveranstaltung – wie den Besuchern gleichartiger anderer Lehrangebote.
3. Die Leitung der Martin-Luther-Universität und Herr Prof. Dr. Jürgen Plöhn sind sich darin einig, dass für die Durchführung

universitärer Lehrveranstaltungen und die Abnahme universitärer Prüfungen ausschließlich wissenschaftliche Maßstäbe zugrunde zu legen sind.

4. Ohne sich diese Auffassung zu eigen zu machen, nimmt die Martin-Luther-Universität zur Kenntnis, dass aufgrund der von Herrn Professor Plöhn angeführten Ausführungen germanistischer Sprachwissenschaftler Äußerungen in „Gendersprache" von ihm aus politikwissenschaftlichen Gründen als ideologisch geprägt und daher außerwissenschaftliche Inhalte transportierend angesehen werden.
5. Die Martin-Luther-Universität und Professor Plöhn stimmen darin überein, dass wissenschaftliche Äußerungen von Studenten beiderlei natürlichen Geschlechts nach den Regeln der wissenschaftlichen Diskussion zu behandeln sind und nicht diskriminiert werden dürfen. Die Martin-Luther-Universität nimmt zur Kenntnis, dass die Ablehnung der „Gendersprache" durch Professor Plöhn für seine eigenen Lehrveranstaltungen dem Schutze der Wissenschaftlichkeit seiner akademischen Lehrveranstaltungen zu dienen bestimmt ist.
6. Zur Sicherstellung bewusster, freiwillentlicher Entscheidungen der Veranstaltungsteilnehmer verpflichtet sich Professor Plöhn, den Interessenten seine sprachlichen Anforderungen für die Teilnahme mit den sonstigen Leistungsanforderungen – wie zuvor – bereits bei der Ankündigung seiner Lehrangebote im Intranet der Universität („Stud.IP") bekannt zu geben. Aus seiner Sicht stellt damit die Auswahl einer von ihm angebotenen Lehrveranstaltung eine konkludente Einverständniserklärung mit den für diese geltenden Anforderungen dar. Falls seitens der Leitung der Martin-Luther-Universität ein entsprechender Wunsch geäußert wird, ist Professor Plöhn bereit, sich das Einverständnis mit den aus seiner Sicht erforderlichen, wissenschaftlich begründeten Anforderungen einschließlich der Akzeptierung der deutschen Hochsprache als verbindlicher Seminarsprache von den Teilnehmern durch eine schriftliche Erklärung, elektronisch spätestens am Tage nach

der ersten Lehrveranstaltung eingehend, explizit bestätigen zu lassen.
Im Falle englischsprachiger Lehrangebote gilt Entsprechendes hinsichtlich einer ideologiefreien Verwendung der englischen Sprache.

7. Professor Plöhn erhebt keinen Anspruch darauf, in alternativlos zu besuchenden Pflichtveranstaltungen zu lehren. Sofern er nicht seitens der Universität um die Übernahme anderweitiger Lehrangebote gebeten wird, beabsichtigt er im Rahmen der Studiengänge des Instituts für Politikwissenschaft – wie zuvor – lediglich wahlweise zu besuchende Seminare anzubieten. Dazu macht er auf die bestehende Regelung aufmerksam, nach der für die zwei zu besuchenden Seminare im „Aufbaumodul Regierungslehre und Policyforschung“ nur insgesamt eine Hausarbeit verlangt wird, so dass diese Leistung auch bei Belegung seines Seminars in einem anderen Kurs erbracht werden kann.
8. Die Universität versichert Herrn Professor Plöhn, dass seine Stellung als Angehöriger der Universität (§ 58 Abs. 3 HSG LSA) und der Philosophischen Fakultät (§13 Abs. 2 Satz 1 HabO) respektiert wird. Dazu gehört insbesondere, aber nicht ausschließlich
   - die Nennung von Namen und Kontaktmöglichkeiten auf der Internetseite des Instituts für Politikwissenschaft,
   - eine diskriminierungsfreie Buchung und Nutzung universitärer Veranstaltungsräume,
   - Unterstützung bei der Nutzung elektronischer Ressourcen wie Veranstaltungsankündigungen, persönlicher Homepage und deren Aktualisierung soweit jeweils erforderlich,
   - fortgesetzte Bereitstellung einer universitären E-Mail-Adresse sowie der Online-Ressourcen der Universitätsbibliothek über einen VPN-Zugang,
   - Bestätigungen der Universitätszugehörigkeit gegenüber auswärtigen Hochschulen bei entsprechendem Bedarf,

- Ausweisung der Forschungsleistungen im Rahmen der abzuliefernden Berichte des Instituts für Politikwissenschaft.

9. Die Martin-Luther-Universität sichert zu, ihre Angehörigen und Mitarbeiter über die Einholung personenbezogener Informationen jeweils vorab informieren zu wollen und Aufforderungen an Dritte zur Abgabe personenbezogener Berichte ohne Kenntnis der betroffenen Person in Zukunft zu unterlassen.

In den Punkten 1, 3 und 5 hatte ich absichtsvoll Konsenspositionen vorgeschlagen: geltendes Verfassungsrecht, Wissenschaftlichkeit und Diskriminierungsfreiheit boten sich mir insoweit als gemeinsame Bezugsgrundlagen an. Davon ausgehend galt mein erstes Verlangen (Punkt 2) nicht mir, sondern meinen Studenten: Die sollten nicht länger wegen ihrer Bereitschaft, meine Regeln – genauer gesagt: diejenigen des Rates für deutsche Rechtschreibung – zu akzeptieren, diskriminiert werden.

Die Punkte 4 und 5 sollten mir die nötige Freiheit der Lehre sichern, ohne die Universität zu zwingen, sich meinen Standpunkt zu eigen zu machen. Die nachfolgenden Punkte 6 und 7 waren als Zugeständnisse meinerseits formuliert, schrieben inhaltlich jedoch nur den vorherigen Stand in der Lehre fest. Dabei zielte Punkt 6 auf die Aufhebung der gegenteiligen, zu Beginn der Kontroverse als unverhandelbar dargestellten Position des Dekanats.

Punkt 8 sollte aus meiner Sicht der Absicherung der inhaltlichen Vereinbarung gegen Versuche dienen, mir erneut durch schikanöse Ausführungsbestimmungen die wissenschaftliche Arbeit in der Lehre, potentiell aber auch in der Forschung zu erschweren. Den abschließenden Punkt 9 hatte ich wegen der hinter meinem Rücken vorgenommenen Befragung meiner Studenten durch den Prodekan angefügt.

Das Gespräch fand am 28. Juli 2023 in sachlicher Atmosphäre mit Rektorin, Kanzler und Prodekan, jedoch ohne den Institutsdirektor, am runden Konferenztisch des Kanzlers statt. In seiner Eröffnung der Aussprache bezog sich der Kanzler erkennbar auf das von mir vorgelegte Papier. Dabei griff er den Ausdruck „praktische Konkordanz", den ich im Anschluß an Konrad Hesse[150] zuvor schriftlich und mündlich verwendet hatte, positiv auf. Die von mir stets vertretene eigene Entscheidung der Studenten für oder gegen ein Seminar, in dem die allgemeine deutsche Hochsprache verwendet werden sollte, erschien nunmehr der Universitätsleitung grundsätzlich geeignet, beiden Seiten Rechnung zu tragen.

Für die reale Umsetzung meiner Vorstellungen kam es indes darauf an, die Freiwilligkeit der Zustimmung der Teilnehmer sicherzustellen. Dazu bestanden nun keine Einwände mehr gegen eine vorherige Bekanntgabe der Standards im Intranet der Universität. Die Bekanntgabe wurde - wie von mir vorgesehen - vielmehr als Voraussetzung für eine auch für die Universitätsleitung akzeptable Lösung begriffen. Die Rektorin legte allerdings Wert auf das tatsächliche Bestehen von Wahlmöglichkeiten in den Modulen, in denen ich Lehrveranstaltungen anbieten wollte.

Anscheinend hatte es gerade zu diesem Aspekt Vorgespräche zwischen den anderen Teilnehmern gegeben. Denn ausgerechnet der Prodekan, der schon hinsichtlich der Veranstaltungsankündigung eine Kehrtwendung hatte vollziehen müssen, schlug nun ein Modul vor, das mir tatsächlich alle Freiheiten ließ: „Ausgewählte Fragen der Politikwissenschaft". Die Modulanbindung meiner Seminare - und damit der Erwerb von Leistungspunkten durch die Studenten - war mir damit vollinhaltlich wieder zugestanden.

Da es sich somit wieder um reguläre Lehrveranstaltungen handeln sollte, wurde mir weiterhin auch die Einschaltung des Sekretariats zur Vorbereitung und Abwicklung der Seminare konzediert. Die Relevanz dieses Aspekts war den anderen Gesprächsteilnehmern jedoch nicht klar, da sie anscheinend keine eigenen Erfahrungen mit der Buchung von Seminarräumen hatten und nicht wußten, daß ihre Verwaltung einen selbst buchenden Professor als externen Nutzer einstufte.

---

150 Konrad Hesse, Grundzüge des Verfassungsrechts der Bundesrepublik Deutschland, 19. Aufl., Heidelberg 1993, S. 133-134.

Zu meinem Verlangen, in Zukunft keine Ausforschungen hinter meinem Rücken mehr erleben zu wollen, nickte der Prodekan verständnisvoll. Auch meine ergänzenden Wünsche hinsichtlich der universitären IT wurden von der Universitätsleitung anstandslos akzeptiert. Eine formelle Abstimmung über die einzelnen Punkte meiner Vorlage hielt ich nicht für erforderlich; denn mir kam es auf das erzielte materielle Ergebnis, nicht auf einzelne Formulierungen an.

Die Sitzung war innerhalb einer halben Stunde beendet. Der *Status quo ante* war wiederhergestellt. Der Berichtspflicht der Martin-Luther-Universität gegenüber dem Petitionsausschuß kam der Kanzler in knappen, mit mir abgestimmten Worten nach. Das hergestellte Einvernehmen hielt.

Betrachtungen und Analysen

Berichterstattung

Eine Presseerklärung zum Abschluß des Falles gab es nicht. War das mediale Interesse an dem aufgeflammten Konflikt erheblich gewesen, war für Journalisten die erfolgte Einigung offenbar weit weniger interessant. Die Frankfurter Allgemeine Zeitung, die am 17. Juli einen Leitartikel unter der Überschrift: „Wer hält das Gendern auf?", publiziert hatte[151], zeigte sich an der Darstellung des konkreten Falles desinteressiert. Der regional zuständige öffentlich-rechtliche Rundfunksender erhielt zu diesem sein Internetangebot unverändert aufrecht, obgleich er aus erster Hand über die Verhandlungen des Petitionsausschusses informiert war. Meine Antwort auf eine erneute Interviewanfrage aus dem MDR fiel daher negativ aus[152]:

> Nach dem, was Ihr Kollege Till Ganswindt am 20.9. 2022 zu meinem Fall veröffentlicht und bis heute nicht korrigiert hat, obgleich Ihr Sender eine Mitarbeiterin zu der ersten einschlägigen Beratung des Petitionsausschusses entsandt hatte, habe ich keinerlei Neigung, Ihrem Sender nochmals ein Interview zu gewähren. Eine so einseitig-verzerrende Darstellung wie vom MDR habe ich unter den Veröffentlichungen zu diesem Vorgang nirgendwo sonst gefunden.

Von entsprechend interessierter Seite war diese Darstellung beifällig aufgegriffen und weiterverbreitet worden. Unter expliziter alleiniger Berufung auf den Mitteldeutschen Rundfunk schreiben die Jury der sprachkritischen Aktion „Unwort des Jahres" und der Vorstand der Arbeitsgemeinschaft „Sprache in der Politik e.V." gemeinsam: Ein Fall, der „durchaus dokumentiert" sei, belege „Nachteile für Studentinnen und Studenten … die in ihren Arbeiten ge-

[151] Heike Schmoll: Wer hält das Gendern auf?, in: F.A.Z. Nr. 163 vom 17.7.2023, S. 1.

[152] E-Mail vom 19.9.2023, 18:24 Uhr.

gendert haben". In der dazu angebrachten Fußnote heißt es – ebenso formal falsch wie sachlich unzutreffend[153]:

> Ein Beispiel lieferte der Politologe Jürgen Plöhm [*sic!*], der Studentinnen und Studenten in seinen Seminaren an der Universität Halle-Wittenberg Genderzeichen als Fehler anstrich, was ihm die Uni letztlich untersagte.

Zwei Tage später wurden die rechtlich unhaltbaren Schikanen der Universität einvernehmlich aufgehoben, nachdem die von Till Ganswindt und Christina Buchheim verbreitete Falschdarstellung bereits mehr als einen Monat zuvor vom Kanzler der Universität im Landtag öffentlich richtiggestellt worden war.

In gleichem Sinne hatte Günter Müchler über „Jürgen Plöhn von der Martin-Luther-Universität Halle-Wittenberg" noch wesentlich weitergehend, jedoch anscheinend ohne Kenntnis des Hochschulrechts formuliert[154]:

> Bei ihm bekamen Studenten, die ihre Arbeiten in Gendersprache vorlegten, einen Malus. Plöhn wurde dafür nach 19 Jahren Lehrtätigkeit die Lehrbefugnis entzogen. Aus rechtlichen Gründen bekam er sie zwar wieder zurück, allerdings sind ihm

---

153 Jury der sprachkritischen Aktion „Unwort des Jahres"/Vorstand der Arbeitsgemeinschaft „Sprache in der Politik e.V.": Diskursbrandmauern verteidigen! – Eine Stellungnahme anlässlich des sogenannten „Gender-Verbots" in Sachsen, https://www.sprache-politik.de/wp-content/uploads/ Stelllungnahme_Diskursbrandmauern.pdf [sic!], 26. Juli 2023. Verantwortliche Unterzeichner der Erklärung: Constanze Spieß (in doppelter Funktion), Kristin Kuck, Martin Reisigl, David Römer, Katharina Kütemeyer, Kersten Sven Roth, Steffen Pappert, Martin Wengeler.

154 Günter Müchler: Das Gender-Diktat: Wie eine Minderheit unsere Sprache zerlegt (für Kindle erschienen am 10.5.2023), im Kapitel „Unwort Winnetou" (S. 93-105; Kindle hat keine fixe Seitenzählung). – Den Hinweis auf diese Publikation verdanke ich in meinem persönlichen Umfeld der Aufmerksamkeit von Christian Pickers.

> Veranstaltungen untersagt, die den Erwerb von Credit Points anbieten.

Inhaltlich muß Müchler dafür annehmen, die Nichtanwendung von Gendersprache könne mit einer Handlung gleichgesetzt werden, die bei einem Beamten nur in einem förmlichen Disziplinarverfahren geahndet werden könnte (§ 17 Abs. 3 HabO). Prozessual unterstellt er dazu einen Antrag auf Entziehung der *venia legendi*, die Anhörung des Betroffenen und die Entscheidung durch den Senat der Universität mit schriftlicher Begründung (§ 12 Abs. 1 HabO) sowie eine nachfolgende Anfechtung der Entscheidung mit autoritativem Gerichtsurteil *innerhalb von zwei Monaten* (1.2.-3.3.2022)[155]. Wie das nach seiner Vorstellung hätte ablaufen können, bleibt sein Geheimnis.

Weitestgehend zutreffend wurde über die – seitens der Universität bestätigte – Beilegung des Konflikts in der Mitteldeutschen Zeitung berichtet [156]. Das schon an seinem Namen als parteiisch erkennbare „Sprecher*innenkollegium" (SPK) des „Studierendenrates" kritisierte daraufhin das „Zurückrudern" der Universitätsleitung, die in einem „Kulturkampf von rechts" eingeknickt sei. Aus Sicht der Studentenvertretung war die Freiheit der Lehre eine *quan-*

---

155 Als Anfangsdatum ist die Mitteilung der Nichterteilung eines Lehrauftrags für das Sommersemester 2022 eingesetzt. Das Enddatum ergibt sich aus Müchlers Kenntnisstand, der vor dem hier dargestellten Petitionsverfahren endet. Selbstredend hat Müchler nie mit dem Verfasser gesprochen. Daß mir die Lehrbefugnis niemals entzogen, sondern daß sie „nur" vom Geschäftsführenden Direktor des betreffenden Instituts mißachtet worden war, hatte die Universität gegenüber Ministerium und Parlament bereits in ihrer ersten Stellungnahme zu meiner Petition (Schreiben des Petitionsausschusses vom 23.8.2022) eingeräumt. Der Kanzler hat, wie dargestellt, am 22.6.2023 vor dem Parlamentsausschuß auch die Haltlosigkeit der ehrenrührigen Behauptung über mein Verhalten bestätigt.

156 Matthias Müller: So legen ein Professor und die Uni Halle einen Streit ums Gendern bei. Mitteldeutsche Zeitung vom 16.8.2023, S. 2; online aktualisiert am 15.08.2023, 21:53.

tité négligeable, relevant allein „die Freiheit der Studierenden" [157] – wie man wird hinzufügen müssen: sich in einer wissenschaftlichen Lehrveranstaltung unwissenschaftlich ausdrücken zu dürfen.

Das Online-Magazin „Corrigenda" veröffentlichte meinen Bericht über die Abläufe[158]. Dieser wurde zusammenfassend wiedergegeben im Infobrief des Vereins Deutsche Sprache e.V. [159]. Nachfolgend publizierte auch die Zeitschrift des Vereins einen stark redigierten Artikel zu dem Vorgang[160]. Die insgesamt „überschaubare" Resonanz hat die Autoren der zuvor publizierten entstellenden Meldungen wie auch des auf meine Person bezogenen „Wikipedia"-Artikels bis zur Drucklegung dieser Schrift noch nicht zu Korrekturen veranlaßt.

Auswertungen

Resümiert man die dargestellten Geschehensabläufe, lassen sich zusammenfassend einige Erkenntnisse formulieren:

1. Entgegen dem insbesondere von Constanze Spieß und Kersten Sven Roth mit ihren jeweiligen Vorständen erweckten Eindruck taugt mein Fall nicht als Referenzfall für die Unterdrückung von Gendersprachlern und die wohlverdiente Abstrafung des Unterdrückers. „*Audiatur et altera pars*!" [Auch die andere Seite ist zu hören!] gilt nicht nur im Gerichtsverfahren, sondern hat auch bei wissenschaftlichen

---

[157] Stura Uni Halle: Statement des SPK: Für ein freies und intaktes Bildungssystem!, 18.8.2023, *https://www.stura.uni-halle.de/ blog/statement-des-spk-fuer-ein-freies-und-intaktes-bildungssystem/*.

[158] Jürgen Plöhn: Wie ich mich gegen Gendersprech an meiner Universität zur Wehr setzte, Corrigenda vom 11.10.2023, 13:21 Uhr.

[159] VDS e.V.: Gendersprache: Jahrelanger Kampf geht zu Ende, Infobrief vom Sonntag, 15.10.2023; dazu: Oliver Baer: Kommentar: Man nehme eine Zange, ebd.

[160] Jürgen Plöhn: Gendersprache: Widerstand lohnt sich. Gender-Sprech an der Martin-Luther-Universität Halle-Wittenberg – Ein Erfahrungsbericht, in: VDS-Sprachnachrichten Nr. 100 (IV/2023), S. 6.

Kontroversen seinen Sinn, ist jedoch von den genannten wie auch von anderen Gegnern nicht beachtet worden.

2. Die von der Jury „Unwort des Jahres" gemeinsam mit dem Vorstand der AG „Sprache in der Politik" bestrittene Druckausübung an deutschen Universitäten auf Personen, die sich nicht den Gender-Sprech-Regeln zu fügen bereit sind, haben sich nicht nur an meinem Fall gezeigt, sondern sind mir auch in Zuschriften und Telefongesprächen bestätigt worden. Betroffen waren davon sowohl Nachwuchswissenschaftler als auch Studenten.
3. Während ich möglicherweise in manchen Wissenschaftskreisen durch parteiische, teilweise faktenwidrige Berichte Reputationsverluste erlitten haben mag, lassen die Reaktionen aus der allgemeinen Öffentlichkeit auf die Publikationen der Medien einen gegenteiligen, positiven Effekt erkennen. Reputationsverluste haben sich dort eher für einzelne Akteure auf der Gegenseite gezeigt.
4. Meine Stellungnahmen sind in den zentralen Aspekten meiner Argumentation konstant geblieben: Bezugspunkte sind
   - die grundgesetzlich garantierte Freiheit der Lehre,
   - die erteilte Lehrbefugnis,
   - der Wahlpflichtcharakter meiner Lehrveranstaltungen, die als solche besucht werden konnten, aber nicht besucht werden mußten und
   - die Ideologiefreiheit der Wissenschaft.
5. Auf dieser Basis ist der Konflikt beigelegt worden. Das wäre allerdings bereits vor der Anrufung des Parlaments und der medialen Publizierung des Falles universitätsintern möglich gewesen. Die intransigente Haltung mehrerer Akteure der Gegenseite hat aus meiner Sicht bis zum Wechsel des Kanzlers eine solche Einigung verhindert.
6. Die Argumentation der Universität ist durch einen Bruch und damit ein implizites Eingeständnis der Unaufrichtigkeit geprägt: Die einzige mir gegebene Begründung für die Nichterneuerung meines Lehrauftrages lag im Bereich der

Finanzen (1. Februar 2022). Das Eingeständnis der intendierten Negativsanktionierung meiner fehlenden Bereitschaft, eine vorgeblich „unverbindliche" Leitlinie für meine Lehrveranstaltungen zu akzeptieren, erfolgte – durch eine der Wahrheitssuche verpflichteten Institution – 14 Monate später. Hierin liegt ein eklatanter Verstoß gegen die rechtsstaatliche Begründungspflicht für alles staatliche Handeln.

7. Am Antwortverhalten der Martin-Luther-Universität auf mein Vorbringen fällt zweierlei auf:
   a) Die Antworten werden mit jeder Argumentationsrunde kürzer.

Aktion des Petenten	Umfang [Seiten]	Reaktion der Verwaltung	Umfang [Seiten]
Petition mit Nachtrag	a) 2 b) 0,5+1,5	1. Antwort	4
1. Erwiderung	4	2. Antwort	2,5
2. Erwiderung	5	3. Antwort	1,5
3. Erwiderung	3,5	4. Antwort	<1
4. Erwiderung	5,5	- Verzicht -	0

   b) Die von mir als jeweils unbeantwortet oder unzutreffend charakterisierten Aspekte sind in der nächsten Runde nicht mit dem Ziel einer Konfliktbeilegung, sondern gegebenenfalls unter Verschweigen relevanter Aspekte (z.B. des faktischen Entzugs des Prüfungsrechts) mit neuerlich parteiisch-unzutreffenden Behauptungen (z.B. administrative Beschränkung als Aspekt eines wissenschaftlichen „Diskurses", Bezeichnung des Petenten als „externen Lehrenden") beantwortet worden[161].

Ist die Reduzierung der Antworten unter arbeitsökonomischen Aspekten noch als rational anzusehen, gilt dies nicht

[161] Zu den inhaltlichen Einzelheiten siehe die Wiedergabe der jeweiligen Äußerungen im Darstellungsteil, insbesondere S. 58, 60-61, 63-65, 78, 86-87.

für die dabei vorgenommenen gezielten Provokationen, die insoweit eindeutig kontraproduktiv gewirkt haben.

8. Als argumentative Strategie der Universität ist für die Dauer des Konflikts eine Gegenläufigkeit zwischen einer *statusmäßigen Singularisierung* dieses außerplanmäßigen Professors und dessen *verhaltensbezogener Typisierung* erkennbar. Die Aussonderung des Falles sollte den Gleichheitssatz unanwendbar erscheinen lassen. Das allgemeine – vergleichsunabhängige[162] – rechtsstaatliche Willkürverbot ist dabei ausgeblendet worden. Ebensowenig haben individuelle Aspekte wie Gewissensbindungen und Verhaltensweisen Berücksichtigung gefunden; konkret abwegige Karriereambitionen sind hingegen als entscheidungsrelevant unterstellt worden.
9. Der Namenspatron der Martin-Luther-Universität hat weder mit seinem für die Neuzeit vorbildhaften Verhalten auf dem Reichstag zu Worms noch mit seiner Mahnung zur Beachtung des empirisch zu beobachtenden Sprachgebrauchs den leitenden Personen an seiner Universität relevante Verhaltensmaßstäbe gegeben. Insoweit wäre an einer der in Deutschland nicht besonders zahlreichen Institutionen mit einer erheblichen historischen Kontinuität eine Selbstvergewisserung über die eigenen Standards angebracht.
10. Erhebliche Verständnisschwierigkeiten scheinen hinsichtlich der Möglichkeit zu bestehen, unterschiedliche normative Verhaltensorientierungen an der gleichen Institution zu akzeptieren. Anscheinend ist von „stromlinienförmiger“ Befolgungsbereitschaft auch bei vorgeblich „unverbindlichen“ Leitlinien ausgegangen worden. Bei Nichterfüllung dieser

[162] Hierzu Ferdinand Wollenschläger, Artikel 3, a.a.O., S. 318; Karl-Peter Sommermann: Artikel 20, in: Christian Starck (Hrsg.): Kommentar zum Grundgesetz, begr. von Hermann von Mangoldt, Bd. 2, 6. Aufl., München 2010, S. 134 f.

Erwartungshaltung hat sich eine deutlich autoritäre Denkweise offenbart.

11. Die Martin-Luther-Universität dokumentiert durch die Ignorierung der Sprachwissenschaftler bei der Formulierung einer Leitlinie für die Kommunikation, daß sie die Beiträge dieses Faches für entbehrlich hält. Die offenkundige Geringschätzung einer an der eigenen Universität vertretenen Disziplin wirft ein bezeichnendes Licht auf die vorgeblich weithin akzeptierte und angestrebte Interdisziplinarität.
12. In der eigenen Kommunikation haben Dekanat und Rektorat es nicht für nötig gehalten, auf vorgebrachte Argumente hinsichtlich der Relevanz der Sprache in Geistes- und Sozialwissenschaften, der Übergriffigkeit von Sprachvorschriften für den Bereich von Forschung und Lehre sowie den ideologischen Gehalt von „Gendersprache" einzugehen. Dies entspricht den aus früheren ideologisierten Systemen bekannten, am internen Zusammenhalt ausgerichteten Mustern. Die aus der deutschen – nicht der zunehmend rezipierten amerikanischen – Universitätstradition stammenden Privatdozenten und außerplanmäßigen Professoren sowie Honorarprofessoren lassen sich aus Sicht der Universitätsverwaltung nur bedingt auf erwünschte Verhaltensweisen verpflichten – um so weniger, je geringer sich ihre beruflichen Karriereaussichten *innerhalb* des Wissenschaftsbetriebs darstellen.
13. Eine schikanöse Sonderbehandlung, die von der langjährigen Verwaltungspraxis abgewichen und vielfach als „Mobbing" bezeichnet worden ist, hat nicht nur vom Rektorat der Universität, sondern auch unter den Abgeordneten des Landtags von Sachsen-Anhalt seitens der Vertreter der „Linken" und Bündnisgrünen Anerkennung als „nicht zu beanstanden", also „legitim" erhalten. *Rechtlich* hat dabei das allgemeine rechtsstaatliche Willkürverbot anscheinend keine Rolle gespielt. *Politisch* stellen sich hierzu Fragen der Kontinuität: für die *einen* mit der Staatspraxis der Vorgängerpar-

tei SED, für die *anderen* mit dem ursprünglich selbst propagierten und in der Sprachgemeinschaft praktizierten Konzept der „Basisdemokratie". Ideologische Prägungen sind insoweit evident gewesen. Dies gilt auch für den Beitrag eines AfD-Parlamentariers. Verwaltungsunabhängiger juristischer Sachverstand ist im Petitionsverfahren dagegen nicht erkennbar geworden.

14. Seitens des Institutsdirektors (27.2.2022) wie auch des Rechtsvertreters der Universität (16.1.2023) ist mir die Erhebung einer Klage gegen die Universität nahegelegt worden, was von letzterem anschließend allerdings unzutreffenderweise meinem Rechtsanwalt zugeschrieben worden ist. Selbst der neue Kanzler ließ in der zweiten Verhandlung des Petitionsausschusses ein Interesse an einer gerichtlichen Klärung gendersprachlicher Probleme an Universitäten erkennen.

    Für den von mir stattdessen eingeschlagenen parlamentarischen Weg sprachen aus meiner Sicht

    (a) die Möglichkeit einer konsensualen Konfliktbeilegung,
    (b) die flexibleren Einigungsmöglichkeiten unter Einbeziehung der inhaltlichen Vorstellungen der Abgeordneten,
    (c) der Zeitfaktor, da bei einem gerichtlichen Vorgehen von der durch Haushaltsmittel abgesicherten Gegenseite eine erstinstanzliche Niederlage vermutlich nicht hingenommen worden wäre, sowie
    (d) die Unprofessionalität der Untersagung weiterer Lehre durch den Institutsdirektor, die nicht einmal den Mindestanforderungen an einen Verwaltungsakt entsprochen hatte, weshalb ein Fristversäumnis nicht zu befürchten war.

Mein von Anfang an verfolgtes Ziel einer gütlichen Einigung konnte letztlich in anderthalb Jahren auf dem eingeschlagenen Wege erreicht werden. Die bei Juristen beliebte Verspottung des Petitionsverfahrens als eines „form-, frist-

und folgenlosen" Rechtsbehelfes hat sich im vorliegenden Fall nicht bestätigt.

15. Für den Verlauf der Auseinandersetzung wie auch für das erzielte Ergebnis lassen sich als relevante Faktoren sowohl Strukturen als auch Personen erkennen: Der verfassungsrechtliche Rahmen bezeichnete den Bereich möglicher akzeptabler Einigungsvorschläge. Der Landtag bot mit seinem Petitionsausschuß und dem förmlichen Verfahren zur Bearbeitung von Eingaben die Entscheidungsstruktur. Diverse Medien sorgten für Publizität, wobei die informierte allgemeine Öffentlichkeit keineswegs ohne weiteres die veröffentlichten Meinungen übernahm. Damit existierte ein Resonanzraum, vor dem der dargestellte Verfahrensausgang erzielt werden konnte.

    Der personale Faktor sollte jedoch nicht übersehen werden: Über die in der Sache vorhandenen Auffassungsunterschiede brach der offene Konflikt aufgrund der Vorgehensweise einzelner Amtsträger aus. Ohne ein konkretes Handlungskonzept ließ er sich nicht überwinden. Der personelle Wechsel an der Spitze der Universitätsverwaltung eröffnete neue Handlungsoptionen, denen sich sodann auch ein Mitglied des Dekanats nicht verschließen wollte, wohingegen ein anderer Gegner von der Universitätsleitung überspielt worden ist.

Schlußbetrachtung

Hat sich die Auseinandersetzung nun gelohnt? Am Ende steht ein Erfolg. Das Sprachdiktat hat abgewendet werden können. Der Infiltration der Wissenschaft durch außerwissenschaftliche gesellschaftspolitische Zielsetzungen darf man an einer deutschen Universität widersprechen, und man kann sich ihr verweigern! Die Anordnungen zur verpflichtenden Anerkennung einer ideologisch geprägten Sprache in der universitären Lehre sind gefallen, ebenso der Versuch einer irregulären Nichtanerkennung meiner Lehr- und Prüfungsbefugnis und die gegen mich verhängten Schikanen.

Im Wintersemester 2023/24 konnte ich nach dreisemestriger Unterbrechung meine Lehrtätigkeit wieder aufnehmen und dadurch zu einer Verbreiterung des Seminarangebots beitragen. Da zugleich die Diskriminierung meiner Studenten entfallen war, stieß das Angebot auch auf Interesse. Die Veranstaltung verlief ungestört.

Es ehrt die amtierende Universitätsspitze, die Situation erkannt und „das Ruder herumgeworfen" zu haben. Allerdings waren den Verantwortlichen meine Sachauffassungen wie auch meine Rechtsposition von Anfang an bekannt. Daher hätte man das Ergebnis sicherlich früher, studentenfreundlicher und kostengünstiger erreichen können. Aber erst ein neuer Kanzler fand den Mut, gedeckt von der Rektorin, den von der Universität zuvor hinsichtlich eines sich unbotmäßig verhaltenden außerplanmäßigen Professors eingeschlagenen Weg zu verlassen.

Dies gilt jedoch nur für den mir zugestandenen, grundgesetzlich geschützten Bereich der akademischen Lehre. Die Universitätsverwaltung verwendet den Terminus der „Geschlechtergerechtigkeit" weiterhin im Sinne einer vermeintlich „objektiven" Größe, gendert in ihren administrativen Texten weiter, und zielt auch weiterhin darauf ab, die Sprache der universitären Lehre in dieser Weise zu prägen[163]. Die sprachliche Abkoppelung der Institution von der Diskussion in der allgemeinen Öffentlichkeit setzt sich folglich fort.

---

[163] Geschlechtersensible Sprache, *https://www.rektorin.uni-halle.de/stabsstellen/vielfalt-chancengleichheit/gleichstellung/geschlechtersensible_sprache/ (letzter Aufruf 6.2.2024).*

Anhang

Literatur

Allik, René: An einer deutschen Universität entbrannte ein Konflikt um die Verwendung ideologisierter geschlechtsneutraler Sprache in der Forschung, Lens (objektiiv.ee), 16.9.2022

Ammer, Jessica (Hrsg.): Die deutsche Sprache und ihre Geschlechter. Beiträge von Josef Beyer, Peter Eisenberg und Helmut Glück. Eine Dokumentation, 2. Aufl. Paderborn 2020 (Schriften der Stiftung Deutsche Sprache, Band 3)

An der Uni Halle ist zu gendern! Basta!, auf: HalleSpektrum.de – Onlinemagazin aus Halle (Saale), 19.9.-14.11.2022

Atkinson, Paul /Martin Hammersley: Ethnography and Participant Observation, in: Norman K. Denzin/ Yvonna S. Lincoln (eds.): Handbook of Qualitative Research, Thousand Oaks 1994, S. 248-261

Bachmann, Götz: Teilnehmende Beobachtung, in: Stefan Kühl/ Petra Strodtholz/Andreas Taffertshofer (Hrsg.): Handbuch Methoden der Organisationsforschung, Wiesbaden 2009, S. 248–271

Baer, Oliver: Kommentar: Man nehme eine Zange, Infobrief des VDS e.V. vom Sonntag, 15.10.2023

Bahners, Patrick: „Hausberufung“ in Halle. Ein Fall von übertriebener Nachwuchspflege, F.A.Z. NET, 14.10. 2020

Bahners, Patrick: Akademische Personalpolitik. Wer passt, wird passend gemacht, F.A.Z. NET, 9.9.2020;

Bahners, Patrick: Dekanin in Halle tritt zurück: Verantwortung ist unteilbar, F.A.Z. NET, 29.10.2020

Böckenförde, Ernst-Wolfgang: Die Entstehung des Staates als Vorgang der Säkularisation, in: ders.: Recht, Staat, Freiheit, Frankfurt a.M. 1991, S. 92-114

Boysen, Sigrid: Art. 3 (Gleichheit vor dem Gesetz), in: Jörn Axel Kämmerer/Markus Kotzur (Hrsg.): Grundgesetz. Kommentar begr. von Ingo von Münch/Philip Kunig Bd. 1, 7. Aufl. München 2021, S. 203-310

Conrad, Annett: Weil er kein Gendern wollte: Uni Halle stellt Professor kalt, Bild, 23.9.2022, S. 9

Deutsch, Karl Wolfgang: Politische Kybernetik. Modelle und Perspektiven, 3. Aufl. Freiburg i.Br. 1973 (engl. Original: „The Nerves of Government“, 1963)

Deutschlandfunk Kultur: Uni Halle – Sparen vor der Wahl, 2.6.2021 *(https://www.deutschlandfunkkultur.de/uni-halle-sparen-vor-der-wahl-100.html, letzter Aufruf 6.2.2024)*

Deutschland-Kurier: „Rülpserartige Unterbrechung“: Professor aus Halle sagt Gender-Irrsinn den Kampf an, Deutschland-Kurier, 26.9.2022 *(https://deutschlandkurier.de/2022/09/ruelpserartige-unterbrechung-politik-professor-aus-halle-sagt-gender-irrsinn-den-kampf-an/, letzter Aufruf 6.2.2024)*

Eisenberg, Peter: Linguist Peter Eisenberg: „Die Genderfraktion verachtet die deutsche Sprache“, Interview mit Susanne Lenz, Berliner Zeitung, 12.5.2021, 6:26 Uhr *(https://www.berliner-zeitung.de/kultur-vergnuegen/debatte/geschlechtergerechte-sprache-peter-eisenberg-die-genderfraktion-verachtet-die-deutsche-sprache-li.158487, letzter Aufruf 6.2.2024)*

Finanzen – Halle (Saale): Kommt der „Kahlschlag“? Uni in Halle berät über Sparpaket, SZ online, 6.4.2022, 6:10 Uhr *(https://www.sueddeutsche.de/wirtschaft/finanzen-halle-saale-kommt-der-kahlschlag-uni-in-halle-beraet-ueber-sparpaket-dpa.urn-newsml-dpa-com-20090101-220405-99-808875, letzter Aufruf 6.2.2024)*

Ganswindt, Till: Gendersternchen. Streit ums Gendern. Professor in Halle fordert „Hochdeutsch“ ein, MDR.de, 20.9.2022

Glück, Helmut: Wissenschaftsfremder Übergriff auf die deutsche Sprache, in: Forschung und Lehre, 27. Jg. (2020) H. 12, S. 994-995

Hackstein, Olav: Grammatik im Fegefeuer, in: F.A.Z. Nr. 242 vom 18.10.2021, S. 6

Haushaltsdefizit der Martin-Luther-Universität Halle. Quo vadis, MLU? FAZ.NET, 21.3.2022

Heitmann, Stefan: Gendergerecht, in: Forschung und Lehre, 28. Jg. (2021) H. 1, S. 40-41

Hesse, Konrad: Grundzüge des Verfassungsrechts der Bundesrepublik Deutschland, 19. Aufl., Heidelberg 1993

Höffe, Otfried: Gerechtigkeit (I.), in: Görres-Gesellschaft (Hrsg.): Staatslexikon, 2. Bd., 7. Aufl., Freiburg/Basel/Wien 1986, Sp. 895-906

Infratest Dimap: Weiter Vorbehalte gegen gendergerechte Sprache (Umfrage für Welt am Sonntag), Erhebungszeitraum: 10.-11.5.2021 (*https://www.infratest-dimap.de/umfragen-analysen/bundesweit/umfragen/ aktuell/weiter-vorbehalte-gegen-gendergerechte-sprache, letzter Aufruf* 4.2.2024)

Jury der sprachkritischen Aktion „Unwort des Jahres"/Vorstand der Arbeitsgemeinschaft „Sprache in der Politik e.V.": Diskursbrandmauern verteidigen! – Eine Stellungnahme anlässlich des sogenannten „Gender-Verbots" in Sachsen, 26. Juli 2023 (*https://www.sprache-politik.de/wp-content/uploads/Stelllungnahme_Diskursbrandmauern.pdf, letzter Aufruf* 4.2.2024)

Kingreen, Thorsten/Ralf Poscher: Grundrechte. Staatsrecht II, 38. Aufl. des von Bodo Pieroth und Bernhard Schlink begr. Lehrbuchs, Heidelberg 2022

Kriele, Martin: Einführung in die Staatslehre, 5. Aufl. Opladen 1994

Kriz, Jürgen: Beobachtung, in: Dieter Nohlen/Rainer-Olaf Schultze (Hrsg.): Lexikon der Politikwissenschaft, Bd. 1, 4. Aufl. München 2010, S. 79-80.

Kunze, Axel Bernd: Warum „gendergerechte" Sprache gerade nicht gerecht ist. Impulsreferat, Mönchengladbach, 22.4.2022 (*https://bildung-und-ethik.com/ 2022/04/22/impulsreferat-warum-gendergerechte-sprache-gerade-nicht-gerecht-ist/, letzter Aufruf 6.2.2024*)

Kunze, Reiner: Dichter Reiner Kunze: „Sprachgenderismus ist eine aggressive Ideologie", in: Passauer Neue Presse (pnp.de),

9.6.2018, *https://www.pnp.de/ nachrichten/kultur/Dichter-Reiner-Kunze-Sprachgenderismus-ist-eineaggressive-Ideologie-2971049.html*

Kürschner, Wilfried: Was der Rechtschreibrat sagt, in: F.A.Z. Nr. 97 vom 27.4.2021, S. 6

Laski, Harold J.: A Grammar of Politics, 4th ed. London 1963

Läuter, Jürgen: Ausdrucksfähigkeit, in: Forschung und Lehre, 28. Jg. (2021) H. 1, S. 41

Lijnden, Constantin van: Das Gender-Verbot des Professors, Die Welt, 16.9.2022, S. 5

Lijnden, Constantin van: Streit über Sprachvorgabe. Wenn ein Professor Studenten das Gendern verbietet, „Welt+“, 15.9.2022, 10:40 Uhr

Lilje, Hanns: Martin Luther in Selbstzeugnissen und Bilddokumenten, Reinbek 1965

Loos, F./H.-L. Schreiber/H. Welzel: Gerechtigkeit (II.2), in: Joachim Ritter (Hrsg.): Historisches Wörterbuch der Philosophie, Bd. 3, Liz.-Ausg. Darmstadt 1974, Sp. 329-338

Luther, Martin: Verteidigungsrede auf dem Reichstag zu Worms, *https://www.worms.de/de/web/luther/Worms_1521/Reichstag/Luthers_Rede.php*; Original (lat.): Deutsche Reichstagsakten, Jüngere Reihe, Deutsche Reichstagsakten unter Kaiser Karl V., Bd. 2. 1896, n. 80, S. 581 f.

Mankiw, N. Gregory/Mark P. Taylor: Economics, 4th ed., Andover, Hampshire, 2017

MANNdat: Aktuelles: Niemand wird zum Gendern gezwungen, 1.10.2022 (*https://manndat.de/aktuelles/niemand-wird-zum-gendern-gezwungen.htm, letzter Aufruf 6.2.2024*)

Martin-Luther-Universität Halle-Wittenberg: Millionen-Defizit: Protest gegen Kürzungspläne an Uni Halle, (Magdeburger) Volksstimme, 1.6.2021

Müchler, Günter: Das Gender-Diktat: Wie eine Minderheit unsere Sprache zerlegt, Münster 2023 (für Kindle 10.5.2023)

Müller, Matthias: Kommentar: Würde Luther heute gendern? MZ.de, 20.9.2022, 18:39 Uhr

Müller, Matthias: „Rülpserartige Pause". Ein Professor droht seinen Studenten für Gendersprache mit Konsequenzen und bringt sogar Martin Luther ins Spiel, Mitteldeutsche Zeitung, 20.9.2022

Müller, Matthias: So legen ein Professor und die Uni Halle einen Streit ums Gendern bei. Mitteldeutsche Zeitung, 16.8.2023, S. 2; online aktualisiert am 15.08.2023, 21:53 Uhr

Müller, Matthias: Stern ist ein Dorn im Auge, Mitteldeutsche Zeitung, 26.5.2023, S. 2

Münch, Ingo von/Ute Mager: Staatsrecht II – Grundrechte, 6. Aufl., Stuttgart 2014

Oesterle-Schwerin, Jutta: [Debattenrede im Deutschen Bundestag], Deutscher Bundestag, Plenarprotokoll 11/37 vom 6.11.1987, S. 2504 f.

Orwell, George: 1984. A novel, New York 1950

Ottersbach, Niklas: Streit an der Uni Halle: Professor verbietet in seinen Seminaren das Gendern, DLF 29.9. 2022, 14:42 Uhr *(https://www.deutschlandfunk.de/streit-an-der-uni-halle-professor-verbietet-in-seinen-seminaren-das-gendern-dlf-eea898ef-100.htm, letzter Aufruf 6.2. 2024)*

Plöhn, Jürgen: Die Evangelische Kirche in Deutschland als politische Interessengruppe. Eine politologische Analyse unter besonderer Berücksichtigung der Denkschriften der EKD, Diplomarbeit Universität Hamburg 1983

Plöhn, Jürgen: Untersuchungsausschüsse der Landesparlamente als Instrumente der Politik, Opladen 1991

Plöhn, Jürgen: Parlamentsvergleich auf subnationaler Ebene, in: Winfried Steffani/Uwe Thaysen (Hrsg.): Demokratie in Europa: Zur Rolle der Parlamente. Sonderband zum 25jährigen Bestehen der Zeitschrift für Parlamentsfragen, Opladen 1995, S. 386-403

Plöhn, Jürgen: Sprache zwischen Herrschafts- und Oppositionskommunikation, in: ders. (Hrsg.): Sofioter Perspektiven auf Deutschland und Europa, Berlin 2006, S. 107-125

Plöhn, Jürgen: System und Kommunikation: Politische Sprache in Demokratie und Diktatur, in: Beate Neuss/Werner Holly (Hrsg.): Sprache und Politik im erweiterten Europa, Europäisches Zentrum für Föderalismus-Forschung, Tübingen 2007, S. 21-40

Plöhn, Jürgen: Wie ich mich gegen Gendersprech an meiner Universität zur Wehr setzte, Corrigenda, 11.10.2023, 13:21 Uhr *(https://www.corrigenda.online/kultur/juergen-ploehn-wie-ich-mich-gegen-gendersprech-meiner-universitaet-zur-wehr-setzte, letzter Aufruf 7.2.2024)*

Plöhn, Jürgen: Gendersprache: Widerstand lohnt sich. Gender-Sprech an der Martin-Luther-Universität Halle-Wittenberg – Ein Erfahrungsbericht, in: VDS-Sprachnachrichten Nr. 100 (IV/2023), S. 6

Professor: Luther als Vorbild nehmen, IDEA 39/2022, 28.9.2022, S. 30

[Rektorin der Martin-Luther-Universität]: Geschlechtersensible Sprache, *https://www.rektorin.uni-halle.de/stabsstellen/vielfalt-chancengleichheit/gleichstellung/geschlechtersensible_sprache/ (letzter Aufruf 6.2.2024)*

Schmoll, Heike: Wer hält das Gendern auf?, in: F.A.Z. Nr. 163 vom 17.7.2023, S. 1

Schnelle, Udo: Übergriffig und ideologisch aufgeladen, in: F.A.Z. Nr. 170 vom 26.7.2021, S. 5

Schöne, Helmar: Die teilnehmende Beobachtung als Datenerhebungsmethode in der Politikwissenschaft. Methodologische Reflexion und Werkstattbericht, in: Historical Social Research, 30. Jg. (2005), H. 1 (111), S. 168-199

Schwarz, Moritz: „Sexualisierung unserer Sprache“, in: Junge Freiheit Nr. 41/22 vom 7.10.2022, S. 3

Seiffert, Helmut: Einführung in die Wissenschaftstheorie, Bd. 1, 10. Aufl. München 1983

Sommer, Michael: Die fetten Jahre sind vorbei, F.A.Z. Nr. 97 vom 27.4.2022, S. 12

Sommermann, Karl-Peter: Artikel 20, in: Christian Starck (Hrsg.): Kommentar zum Grundgesetz, begr. von Hermann von Mangoldt, Bd. 2, 6. Aufl, München 2010, S. 1-166

Steffani, Winfried: Gewaltenteilung und Parteien im Wandel, Opladen/Wiesbaden 1997

Steffani, Winfried: Pluralistische Demokratie, Opladen 1980

Sternberger, Dolf: Menschenbehandlung, in: Dolf Sternberger/Gerhard Storz/Wilhelm E. Süsskind: Aus dem Wörterbuch des Unmenschen, Tb.-Ausg. München 1962, S. 82-92 (urspr. Hamburg 1957)

Stura Uni Halle: Statement des SPK: Für ein freies und intaktes Bildungssystem!, 18.8.2023, *https://www.stura.uni-halle.de/blog/statement-des-spk-fuer-ein-freies-und-intaktes-bildungssystem/ (letzter Aufruf 6.2.2024)*

Süddeutsche Zeitung: Protest gegen Sparpaket an Uni, SZ.de, 3.2.2022

Thiel, Thomas: Verlegenheitslösung, F.A.Z. Nr. 38 vom 15.2.2022, S. 9

Tschentscher, Axel: Gerechtigkeit, in: Werner Heun/Martin Honecker/Martin Morlok/Joachim Wieland (Hrsg.): Evangelisches Staatslexikon, Neuausgabe, Stuttgart 2006, Sp. 724-732

Uni Halle konkretisiert Sparpläne: Fächer sollen aussetzen, Zeit Online, 13.4.2022

Universitätsmedizin Halle: Orientierungshilfe zur geschlechtersensiblen Sprache. Stand: Oktober 2019, *https://wcms.itz.uni-halle.de/download.php?down=61049&elem=3018099&func=chr8s9s2khdoaik6esgprvqlqhn9hhv8 (letzter Aufruf 6.2.2024)*

VDS e.V.: Gendersprache: Jahrelanger Kampf geht zu Ende, Infobrief vom Sonntag, 15.10.2023

Velasquez, Manuel G.: Business Ethics, 6th ed., Upper Saddle River, NJ 2006

Verein Deutsche Sprache e.V.: Kein Gendern – Uni will Professor Lehre verweigern, Infobrief vom 17.9.2022

Wahl, Daniel [Interview mit]: Professor Jürgen Plöhn: «Der Staat hat sich nicht in die Sprache einzumischen», Der Nebelspalter, 20. September 2022, 20:00 Uhr (*www.nebelspalter.ch*)

Weber, Max: Wissenschaft als Beruf, 11. Aufl., Berlin 2011 (ursprünglich 1919)

Werner, Reinhard: „Rülpserartige Unterbrechung": Professor aus Halle sagt Gendersprache den Kampf an, The Epoch Times, 23.9.2022, 14:17 Uhr

Wissenschaftler kritisieren Genderpraxis des ÖRR, *https://www.linguistik-vs-gendern.de (letzter Aufruf 7.2.2024)*

Wollenschläger, Ferdinand: Artikel 3 Abs. 1, in: Peter Huber/ Andreas Voßkuhle (Hrsg.): Grundgesetz. Kommentar, Bd. 1, begr. von Hermann von Mangoldt, 7. Aufl., München 2018, S. 277-408

Zuschke, Anika: Professor verbietet Studierenden das Gendern – und verlangt „Hochdeutsch", FR.de, 21.09.2022, 16:57 Uhr *(https://www.fr.de/politik/professor-verbietet-studierenden-das-gendern-und-verlangt-hochdeutsch-91803147.html, letzter Aufruf 7.2.2024)*

Meinungsfreiheit

Wilhelm Hopf (Hrsg.)
Libertas
Jahrbuch für Meinungsfreiheit. Jahrgang 3, 2023
Bd. 5, 2024, ca. 400 S., ca. 19,90 €, br., ISBN 978-3-643-99702-9

LIT Verlag Berlin – Münster – Wien – Zürich – London
Auslieferung Deutschland / Österreich / Schweiz: siehe Impressumsseite

Wilhelm Hopf (Hrsg.)
Libertas
Jahrbuch für Meinungsfreiheit. Jahrgang 2, 2022
Die Meinungsfreiheit „verspricht sowenig wie der Arzt, einen Menschen oder ein Volk vollkommen zu machen. Sie selbst ist keine Vollkommenheit. Es ist triviale Manier, das Gute damit zu schmähen."
(Karl Marx)
„Zur Redefreiheit kann man nur zwei Haltungen einnehmen und jeder trifft seine Wahl."
(Chomsky)
Das Jahrbuch widmet sich dem Thema in einer Vielzahl aktueller und historischer Zugänge.
Bd. 4, 2023, 400 S., 19,90 €, br., ISBN 978-3-643-99708-1

Hermann Lübbe
Politischer Moralismus
Der Triumph der Gesinnung über die Urteilskraft
Das Vokabular der miteinander Streitenden hat seit einiger Zeit denunziatorischen Charakter angenommen. Politische und intellektuelle Auseinandersetzungen enden immer häufiger in moralischer Diffamierung des Andersdenkenden. Der brillante Essay des Zürcher Philosophen fragt nach den Ursachen solcher Entrationalisierung öffentlicher Erörterungen.
Bd. 2, 2019, 128 S., 19,80 €, br., ISBN 978-3-643-14300-6

Wilhelm Hopf (Hrsg.)
Die Freiheit der Wissenschaft und ihre ‚Feinde'
Vorwort: Bernhard Kempen
Der Band behandelt exemplarisch Fälle der nicht nur in Deutschland an Universitäten verbreiteten Neigung, für umstritten gehaltene Positionen zu be- oder verhindern.
Bernie Sanders bezog Stellung zu einem Vorfall in den USA: „To me, it's a sign of intellectual weakness," ... „what does that tell the world?"
Noam Chomsky, der weltweit bekannteste linke Intellektuelle, formuliert: „Der Kampf für die Freiheit der Rede ist von entscheidender Bedeutung, bildet diese doch das Herzstück eines ganzen Systems von Freiheiten und Rechten." ... „Zur Redefreiheit kann man nur zwei Haltungen einnehmen, und jeder trifft seine Wahl."
„Staat und Universitäten müssen sich schützend vor angegriffene Wissenschaftler stellen, egal, wo sie politisch oder wissenschaftlich stehen" (Bernhard Kempen, Präsident des Deutschen Hochschulverbandes).
Die Einschränkung der Meinungsfreiheit widerspricht dem Grundgesetz sowie den Grundwerten Europas, wie die Urteile des Europäischen Gerichtshofs für Menschenrechte zeigen.
Bd. 1, 2019, 320 S., 24,80 €, br., ISBN 978-3-643-13939-9

LIT Verlag Berlin – Münster – Wien – Zürich – London
Auslieferung Deutschland / Österreich / Schweiz: siehe Impressumsseite